Dank
Der Verlag und der Herausgeber danken
Peter Wenger, Jungfraubahnen, für die grosszügige
Unterstützung bei der Bildbeschaffung sowie
Niklaus und Christoph Wyss, Unterseen, für die Beratung
und Bereitstellung der historischen Abbildungen.

© AS Verlag & Buchkonzept AG, Zürich, 1996
Gestaltung: Heinz von Arx, Zürich
Lithos: Pensky, Karlsruhe
Druck: Vontobel AG, Wetzikon
Einband: Eibert AG, Eschenbach
Printed in Switzerland
ISBN 3-905111-08-X

JUNGFRAU

ZAUBERBERG DER MÄNNER

Herausgegeben
von Daniel Anker

Texte:
Daniel Anker, Beat Hächler
Sylvain Jouty, Quirinus Reichen

Fotos:
Jost von Allmen
Marcus Gyger, Thomas Ulrich
Christof Sonderegger

BERGMONOGRAPHIE
1

WENGERNALP-JUNGFRAU·RAILWAY

BERNESE OBERLAND SWITZERLAND

FIEDLER S.A. CHAUX-DE-FONDS

DAS ERSTE GIPFEL-BUCH

«Als Wahrzeichen unsers Hier-gewesenseins» stecken zwei Aarauer Seidenbandfabrikanten und zwei Walliser Gemsjäger eine Stange mit einem schwarzen Leinentuch in den jungfräulichen Gipfelschnee. Pech für die Erstbesteiger der Jungfrau: Die Fahne war vom Tal aus nicht sichtbar. Das war ungefähr so, wie wenn die Astronauten 1969 behauptet hätten, sie seien auf dem Mond gelandet, und keine TV-Kamera hätte sie dabei gefilmt. Aber die Männer geben nicht auf. Im Jahr darauf wird die Bestei-gung wiederholt, und diesmal ist die «rothe Wachstuchfahne, vier Schuh ins Gevierte groß», auf dem dritthöch-sten Gipfel der Berner Alpen nicht zu übersehen.

Darum geht es: sich selbst, den Nach-folgenden und den Leuten unten beweisen, dass man ganz oben war. Als der Berner Gottlieb Studer und seine Führer im Sommer 1842 zur fünften Besteigung aufbrechen, erobern sie im Ausgangsdorfe zuerst «die bescheidene Schürze einer ehrlichen Walliserin» als ungewöhn-liche Gipfelfahne. 24 Stunden später hissen sie das weibliche Haushaltungs-kleidungsstück auf der Jungfrau. Und stecken Zettelchen mit ihren Namen in eine leergetrunkene Wein-flasche, die auf der umschwärmten Spitze zurückbleibt.

Auf dem Berner Oberländer Berg gab und gibt es, im Gegensatz zu vielen andern Höhen, kein sogenanntes Gipfelbuch, um sich einzuschreiben. Aber Bücher zur Jungfrau sind erschie-nen, das erste schon 1811. Und nun liegt ein neues, ein anderes Buch über den höchsten Punkt im Dreigestirn Eiger, Mönch & Jungfrau vor: der erste Band einer geplanten Reihe von Berg-monographien zur Schweiz – helve-tische Gipfel-Bücher sozusagen. Dass dabei der von allen Seiten beschrie-bene und gemalte, bestiegene und teilweise auch erschlossene Gipfel mit dem Namen Jungfrau den Anfang macht, ist kein Zufall. So wenig, wie die vier Städter und Bergler am 3. August 1811 genau dort oben die Fahne entrollten.

Daniel Anker

Inhalt

**Mehr als bloss Berge:
Silberhörner (Bild links).**

**Legenden zu den folgenden
Doppelseiten:**

**Eisig: Wie Klippen ragen
Jungfrau, Mönch und Eiger
(ganz rechts) aus dem Eis-
und über dem Nebelmeer.**

**Felsig: Der Oberländer
Bergführer Ueli Bühler klet-
tert eine moderne Route
am Schilthorn gegenüber
der Jungfrau.**

**Spitzig: Scheinbar unzu-
gänglich thront die Jungfrau
über dem Jungfraujoch;
hinten das Aletschhorn.**

**Mutig: Der Snowboarder
Mike Schibler sucht sich
einen direkten Weg durch
die Eisbrüche des Jung-
fraufirns.**

**Farbig: Reisende und
Ruhende kommen bei Eiger,
Mönch und Idylle noch
immer ins Schwärmen.**

Der Berg der Jungfrauen?

Warum heisst die Jungfrau so und
nicht einfach Weisser Berg, wie zum
Beispiel der Mont-Blanc. Alle drei
Erklärungsmöglichkeiten – die weisse
Jungfräulichkeit, die historischen
Besitzverhältnisse oder der volkstüm-
liche Phantasiereichtum – haben
etwas in sich.

«The virgin Mountain» nannte Words-
worth die Jungfrau noch 1878 und
spielte damit auf eine lange Tradition
an, Herkunft und Bedeutung des
Namens zu verklären. Die glänzende,
reine Pyramide, die sich dem Reisenden auf dem Weg nach Interlaken
schon vom Zugang zum Mittelland
über die Juraberge immer näher zeig-
te, und schliesslich, nachdem sie sich
eine Zeitlang kokett hinter dem Leis-
siggrat versteckt hatte, wieder urplötz-
lich zwischen den dunkelgrünen Hängen der Lütschinentäler enthüllte, gab
Legionen von Reiseschriftstellern
Anlass, über den gleichsam geheimnis-
vollen wie vielversprechenden Namen
zu sinnieren, auch als die Spitze nach
1811 ihre Jungfräulichkeit unwider-
ruflich verloren hatte. Anspielungen
auf die Jungfräulichkeit von Bergspitzen kommen übrigens ab und zu in
der alpinen Literatur vor, besonders in
den Jahren zwischen 1850 und 1880,
als die meisten Berggipfel der Alpen

erstmals bestiegen worden waren.
Auch das frivole Bild vom verhüllten,
nach dem Abzug von Nebel und
Wolken wieder enthüllten Berg wird
in den alpinistischen Schriften
jener Zeit nicht ungern benutzt.
Eiger, Mönch und Jungfrau wurden im
Mittelalter zumeist unter dem Sam-
melbegriff Eiger erwähnt. Eiger leitet
sich ab von «hej Ger», was soviel wie
«hohe Spitze» bedeutet. Auch der
Name Mönch kommt schon recht früh,
nämlich 1605, in einem Alpengedicht
von Johann Rudolf Rebmann, vor.
Doch Rebmann, für den Reim weit
wichtiger war als topographische
Präzision, dürfte damit den Schwarzmönch gemeint haben, das dunkle
Vorgebirge der Jungfrau auf der Seite
des Lauterbrunnentals. Der Mittlere
der grossen Drei hingegen musste sich
noch bis ins 19. Jahrhundert als An-
hängsel seines kecken Vorberges mit
der wenig originellen Bezeichnung
«Hinterer Eiger» zufriedengeben. Älter
ist sicher der Name der Jungfrau. Die
erste schriftliche Erwähnung als
«Jungckfraw» stammt aus den Jahren
1577/78 auf einer Karte und ihrem
Begleittext, der «Chorographia Ditio-
nis Bernensis», geschaffen von Thomas
Schöpf. Der Berner Stadtarzt und
Mathematiker lieferte auch gleich

Ein für unerreichbar gehaltener Gipfel, eine an weibliche Formen erinnernde Berggestalt, oder beides: Die Jungfrau liess vorab die männlichen Betrachter nicht kalt.

seine Sicht über den Ursprung des Namens. Er nahm sich die populärste Erklärung zu eigen und meinte, wegen seiner weissen Reinheit und Unzugänglichkeit würde der Berg Jungfrau genannt. Lassen wir diese Deutung als erste Erklärungsmöglichkeit stehen – sie ist zu schön, um einfach von der Hand gewiesen zu werden. Aber es gibt noch zwei weitere, nicht weniger plausible Varianten: Aufgrund des heutigen Forschungsstandes trugen vor dem 15./16. Jahrhundert, als sich die ersten Menschen in die unbewohnten Wildnisse der Felsen und Gletscher vorwagten, die Bergspitzen keine Namen, es sei denn, sie wären von wirtschaftlichem Interesse gewesen, also zum Beispiel von Jägern erreichbar (Beispiel Altels oder der eben erwähnte Schwarzmönch), in eine religiöse Dimension eingebunden (Beispiel Pilatus) oder als Grenzpunkt (Beispiel Eiger) erwähnt worden. Der Gotthardberg war eben kein Berg, das interessierte niemanden, sondern ein Pass mit einer wirtschaftlichen und politischen Bedeutung! Der Benennung würdig erachtet wurden neben einigen interessanten Bergspitzen und den Pässen auch die Berge, welche noch heute im Dialekt des Berner Oberlandes als

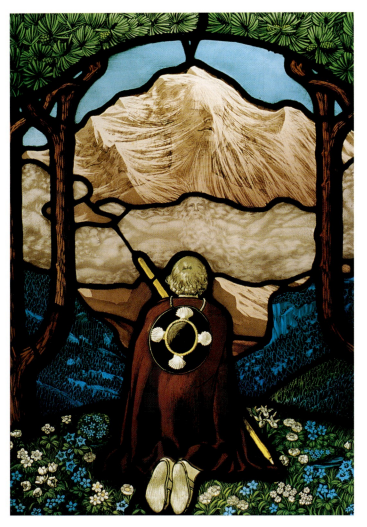

Bedeutende Alpeigentümer in den
Lauterbrunnentälern waren seit dem
13. Jahrhundert die beiden Klöster
Interlaken. Damit nähern wir uns einer
zweiten Erklärungsmöglichkeit. Dem
Frauenkloster Interlaken, das schon
1483, also vor der Reformation, auf-
gehoben wurde, unter anderem, weil
die Nähe zum Männerkloster der Jungfräulichkeit nicht immer sehr förderlich
gewesen war, gehörten auch Teile der
Wengernalp. Was war also naheliegen-
der, als diese Gebiete als «der Jungfrauen Alpen» zu bezeichnen. In der
Zeit, als sich die ersten Alpenforscher
und Topographen für die Hochalpen zu
interessieren begannen, wurde diese
Bezeichnung von den wirtschaftlich
interessanten auf die wissenschaftlich
interessierenden Örtlichkeiten über-
tragen.

In den Jahren nach Schöpf und bis ins
19. Jahrhundert sollten übrigens die
Unsicherheiten weitergehen, denn die
vielen Reiseschriftsteller bekundeten
oft Mühe, Vorgipfel (Wengen Jungfrau,
Silberhorn, Schwarzmönch und Jungfrau) auseinanderzuhalten. Und bis ins
19. Jahrhundert war die einheimische
Bevölkerung, welche durch Erklärun-
gen hilfreich hätte sein können, an
dieser Frage gar nicht interessiert und
stand der Neugierde auswärtiger Rei-

«Berg» oder «Bärg» bezeichnet werden, jene Wiesen und Weiden also, die
im Hochsommer der alpwirtschaft-
lichen Nutzung dien(t)en, sei es für
Rinder oder Schafe, gelegentlich auch
für Pferde.

sender für die Bergnamen eher ver-
ständnislos gegenüber!

Vergleiche mit andern Alpengegenden,
zum Beispiel in Graubünden, lassen
schliesslich eine dritte Deutung zu,
nämlich eine volkskundliche: Der
Volksglaube war immer gerne bereit,
hinter Bergformen noch mehr zu
sehen. Die «Birre» (Birne) und das
«Kilchhorn» im Kandertal sind ebenso
Beispiele dafür wie der Zuckerhut im
fernen Rio. Jeder Berg konnte auch so
etwas wie eine Kopfbedeckung darstellen. In der Jungfrau das Ornat einer
Nonne und im Mönch die Kapuze
eines Franziskaners zu sehen, brauchte
nicht allzu viel Vorstellungskraft.
Denkbar ist im Falle des Mönchs übrigens auch die gleiche Erklärung wie

bei der Jungfrau: nämlich die Besitzverhältnisse auf der Wengernalp, an
der sicher bis zu seiner Säkularisierung
1528 auch das Männerkloster von Interlaken beteiligt war. Ortsnamen wie
Münchenstein oder Münchenwiler sind
übrigens sichere Belege für einstigen
mönchischen Besitz. Eine andere Erklärungsmöglichkeit leitet sich von der
auf diesen Alpen bis ins 19. Jahrhundert betriebenen Pferdezucht ab: Ein
«Münch» ist ein kastrierter Hengst.
Die endgültige Erklärung für den
Namen «Jungfrau» bleibt daher offen.
Und jungfräulich ist der Berg ohnehin
nicht mehr, aber an seiner reinen
weissen Pracht darf man sich auch
so erfreuen.

Von der Jungfrau zur Madame Meyer

Wie soll ein Berg mit dem Namen «Jungfrau» besteigbar sein? Als Rudolf Dikenmann um 1830 seine kolorierte Aquatinta malte (Grösse 12,8 x 18,5 cm), waren schon dreimal Männer auf den Gipfel geklettert, allerdings nicht über die abgebildete Nordseite, sondern von der Rückseite her.

Im Jahre 1811 gelang den Gebrüdern Meyer aus Aarau und den Walliser Gemsjägern Volker und Bortis die Erstbesteigung der Jungfrau. Ein Jahr später kamen die Meyers wieder und machten sich an die Besteigung von Mönch und Finsteraarhorn.

Zwei erstaunliche Demonstrationen von Ausdauer und Mut, die für jene Zeit beispiellos waren.

Am 3. August 1811 standen die ersten Menschen auf der Jungfrau. Im Unterschied zur Besteigung des Mont-Blanc 25 Jahre zuvor hatte dieses Abenteuer aber nicht das Echo, das es verdiente, und geriet bei den Zeitgenossen schnell in Vergessenheit, und zwar so nachhaltig, dass die Besucher von Grindelwald lange überzeugt waren, die Jungfrau sei noch unberührt! Die Jungfrau (4158,2 m) ist nicht der höchste Berg der Schweizer Alpen, nicht einmal der Berner Alpen; Finsteraarhorn (4273,9 m) und Aletschhorn (4195 m) sind höher. Seit dem Ende des 18. Jahrhunderts wusste man, dass das Finsteraarhorn der höchste Berner Gipfel ist. Aber dieser, wie noch stärker das Aletschhorn, liegt versteckt mitten in einem riesigen Massiv. Die Jungfrau dagegen ist der höchste Punkt einer beeindruckenden Mauer aus Fels und Firn, die vom Fiescher-

horn über Eiger und Mönch bis zum Lauterbrunner Breithorn reicht und die Besucher von Grindelwald und Lauterbrunnen stark beeindruckte.

Seit Anfang im Blickfeld

Tatsächlich war die Jungfrau der berühmteste Berg der Schweiz – bis ihr das Matterhorn ab 1865 den Rang ablief. Diese Position hatte sie zu Recht: Während nämlich noch kein einziger Tourist Chamonix und die Gletscher von Savoyen kannte, wurden diejenigen von Grindelwald bereits bestaunt und bewundert. Der entscheidende Unterschied: Von Chamonix aus ist der Mont-Blanc kaum sichtbar, während die Jungfrau über der Landschaft thront und auf der Reise von Bern über Thun und Interlaken in die Lütschinentäler häufig im Blickfeld ist. Es ist kein Zufall, dass das Dreigestirn Eiger, Mönch und Jungfrau zu einer Zeit entdeckt, benannt und dargestellt wird, als noch niemand einen Gedanken an den Mont-Blanc verliert. Stets war die Jungfrau Gegenstand der Literatur, verewigt von Dichtern, die heute kaum noch jemand kennt. Zum Beispiel von Jens Immanuel Baggesen, der im Werk «Parthenäis» aus dem Jahre 1804 von zwei Liebenden schreibt, die, von der Liebe geleitet,

versuchen, den Berg zu besteigen, und
von den Göttern des Olymp und der
Höhe abgewiesen werden. Tatsächlich:
Wie soll ein Berg mit dem Namen
«Jungfrau» besteigbar sein?
Erstaunlicherweise hat die Erstbesteigung der Jungfrau kaum von sich re-
den gemacht, obwohl es sich, wie man
von heute aus beurteilen kann, um
eine höchst bemerkenswerte Leistung
handelte, um eine von Meisterhand
geleitete Forschungsexpedition ins
Herz der gewaltigsten Gletscherlandschaft der Alpen, in die zuvor noch nie
jemand vorgedrungen war. Es war
aber auch eine Eroberung fast ohne
Geschichte, durchgeführt mit Mut und
Begeisterungsfähigkeit von einer
ganzen Familie, vom Grossvater bis

zum Enkel, eine Eroberung auch, bei
der nur die Freude am Auskundschaften
eines uneroberten Gebiets im Vordergrund stand. In der in Aarau herausge-
gebenen Zeitschrift «Miszellen für
die Neueste Weltkunde» vom 24. und
vom 28. August 1811 schildern Joh.
Rudolf Meyer, Sohn, und Hieronymus
Meyer ihre «Reise auf den Jungfrau-
Gletscher und Ersteigung seines Gipfels» (der Bericht erschien im gleichen
Jahr auch als Separatdruck). In der
Einleitung schreiben sie diese denkwür-
digen Sätze: «Zwar machten wir so-
gleich den Gipfel des Jungfraugebirgs
zum Ziel unserer Reise; da wir aber
selbst an der Möglichkeit zu zweifeln
Ursache hatten, diesen steilen Eisthurm
in einer noch nie von Sterblichen be-
suchten Gegend zu ersteigen, liessen
wir die mathematischen und physikali-
schen Werkzeuge zurück, welche man
sonst gern zu Beobachtungen auf die
Höhen mitzunehmen pflegt; aus billiger
Furcht, uns eben durch diese vielleicht
an den äussersten Wagstücken hindern
zu lassen.» Viele Unterschiede also zur
Besteigung des Mont-Blanc, wo per-
sönliche Rivalitäten und wissenschaft-
liches Interesse eine grosse Rolle spiel-
ten. Verglichen mit der Erstbesteigung
des Mont-Blanc hat diejenige der Jungfrau unbestritten moderne Züge.

Grossvater hatte Geld und Geist

Am Anfang der Besteigung steht Johann Rudolf Meyer (1739–1813), ein reicher Seidenbandfabrikant aus Aarau, 1798 bis 1800 Mitglied des Helvetischen Rats und Vorsitzender der Helvetischen Gesellschaft. Er ist alles andere als ein Wissenschafter, obwohl seine Leidenschaft die geographische Erforschung seines Landes ist. Auf seine Kosten (er war wirklich sehr reich) gibt er den ersten Atlas der Schweiz heraus und engagiert dafür den Strassburger Joseph Heinrich Weiss. Um die weissen Flecken auf der Karte mit Inhalt zu füllen, unternehmen Meyer und Weiss Expeditionen in die Berge und besteigen 1787 zum Beispiel den Titlis (3238 m). Meyer lässt auch ein riesiges Relief der Schweiz aus Papiermaché anfertigen. Solche Reliefs waren in dieser Zeit sehr beliebt, weil sie die Landschaft besser darstellen konnten als die mit noch unzulänglicher Technik hergestellten Karten.

Eine derartige Begeisterung für die Berge war damals noch nicht allzu üblich, obschon sich seit Horace-Bénédict de Saussure (abgebildet auf der 20-Franken-Note der Schweiz) und der Erstbesteigung des Mont-Blanc durch Michel Gabriel Paccard und Jacques Balmat am 8. August 1786 einiges verändert hatte. De Saussure hatte verschiedene Nacheiferer gefunden, und einige hohe Gipfel waren bereits bestiegen worden, der Grossglockner (3798 m) beispielsweise im Jahre 1800, der Ortler (3905 m) 1804. Warum also nicht auch die Jungfrau? Von ihrem Gipfel, so denkt Meyer zweifellos, müsste es möglich sein, sich einen Überblick über die gewaltigen Gletschertäler zu machen, die sich ins Wallis ergiessen.

Maaszstab von einer Stunde

30

Nach dem Meyer'schen Relief in Aran, gezeichnet u. gestochen von J.J.Scheurman.

Festgehaltene Expeditionen ins ewige Eis: Diese Karte der Berner Alpen war dem Buch von Heinrich Zschokke beigelegt, das die Meyer-schen Touren mit der Erstbesteigung des Finsteraarhorns und der Zweitbesteigung der Jungfrau im Jahre 1812 beschreibt.

Die Suche nach dem Weiterweg in den Eisbrüchen
des Jungfraufirns unterhalb
des Rottalsattels: der
Aargauer Snowboarder
Mike Schibler auf den
Spuren seiner Vorgänger.

Mühsamer Anmarsch
über zwei Pässe

Die Berner Alpen sind noch praktisch unbekannt. Ihre Nordseite, deren Mittelteil über Grindelwald und Lauterbrunnen aufragt, ist eine einzige, riesige Wand, die zu jener Zeit unzugänglich war. Von der Südseite weiss man durch Strahler, die zahlreich an der Grimsel Kristalle suchten, dass sich riesige Gletscher gegen das Wallis hin erstrecken. Aber die genaue Lage der Gipfel und Täler bleibt vorderhand ein Geheimnis.

So war es auch im Juli 1811, als zwei Söhne von Johann Rudolf Meyer, Johann Rudolf junior (1768–1825) und Hieronymus (1769–?), zusammen mit Dienstboten aus Aarau und einem Träger aufbrechen, um «das Hochgebirge zwischen dem Bernischen Oberlande (...) und dem Wallis genauer zu erforschen; theils den Zusammenhang jener ungeheuern ewigen Eisfelder zu erkennen, theils zu erfahren, ob die bekannten höchsten Berggipfel, welche aus ihnen hervorragen, ersteigbar wären».

Ganz offensichtlich ist die Jungfrau nur ein Teil des Plans, den sie sich in den Kopf gesetzt haben. Die ganze Auskundschaftstour ist eine endlos lange Reise. Zuerst müssen sie auf den Grimselpass und auf der anderen Seite hinab ins Rhonetal. Von Fiesch aus gelangt die Gruppe am 31. Juli zum Aletschgletscher, verzichtet aber darauf, auf diesem grössten Gletscher der Alpen (der damals noch länger war als heute) hochzusteigen – was viel einfacher und kürzer gewesen wäre! –, und überquert ihn statt dessen. Die Männer folgen dem Oberaletschgletscher zum Beichpass (3128 m), überschreiten ihn (auch eine Premiere) und steigen ins Lötschental ab. Und das alles in einem Tag!

Dienstboten haben Angst

Im Tal heuern die Gebrüder Meyer zwei Gemsjäger als Führer an: Alois Volker und Joseph Bortis. Am nächsten Tag, am 1. August 1811, steigen sie gegen die Lötschenlücke (3178 m) auf, wo die Dienstboten umkehren mussten, weil sie «allzuviel Aengstlichkeit verriethen». Es sind also noch die beiden Brüder, die zwei Jäger und der Träger Kaspar Huber aus Guttannen. Sie verbringen zwei Tage mit der Auskundschaftung des grössten vergletscherten Gebiets der Alpen. Denn die Jungfrau ist von Norden her sehr einfach auszumachen, aber von Süden ganz und gar nicht. Sie steigen getrennt an den Gipfeln rund um den

Ein steiler Firngrat über
gefährlichen Abgründen:
So sahen Johann Rudolf
und Hieronymus Meyer,
Alois Volker und Joseph
Bortis am 3. August 1811
zum ersten Mal den jung-
fräulichen Gipfel.

am Fuss des Kranzberges – «wir schichteten uns, so gut es ging, neben und über einander, um uns gegenseitig zu erwärmen» – verlegen sie ihr zweites Biwak dank besserer Kenntnis der Gegend näher an die Jungfrau heran. «Wie der Morgen des dritten Augusts erschien, brachen wir auf. Die ersten Sonnenstrahlen rötheten noch kaum die Felsen der nahe vor uns schwebenden Jungfrau.» Die Sache wird spannend, sobald die leichten Schneefelder am Fuss der Jungfrau erstiegen sind – dieser Punkt ist heutzutage in einer halben Stunde vom Jungfraujoch aus erreichbar, während die Meyers bereits den sechsten Tag unterwegs sind...

Pickel statt Barometer

Das Material, das ihnen zur Verfügung steht, ist wie bei Paccard und Balmat am Mont-Blanc ungenügend: Weder Steigeisen noch Pickel, immerhin ein Seil, Wanderstöcke und eine sieben Meter lange Leiter zur Überschreitung von Spalten sowie schwarze Tücher als Sonnenschutz. Dagegen hatten sie keine wissenschaftlichen Geräte dabei; das war neu in einer Zeit, wo erst ein paar Gipfel der Alpen präzis vermessen waren. So heisst es bei der Beschreibung des Aufstieges über den steilen, vereisten Gipfelgrat zur Jung-

Konkordiaplatz herum und entdecken, dass im Osten ein Pass (die Grünhornlücke) eine Verbindung mit dem Fieschergletscher herstellt. Diese Entdeckung erspart ihnen im Jahr darauf den enormen Umweg über das Wallis und das Lötschental. Bei diesem Erkunden sieht Johann Rudolf auch die Jungfrau. Nach dem ersten Biwak im Schnee

Eine mitgetragene Leiter
ermöglichte den Aufstieg:
nachgestellte Szene aus
dem Dokumentarfilm
«1811–1986: 175 Jahre
Alpinismus in der Schweiz»
von Viktor Wyss.

frau: «Ein starker Alpen- oder Trag-
stock, oben mit einem eisernen Haken
versehn, ist in solchen schwierigen
Bergerkletterungen das zweckmäßig-
ste Werkzeug; alles andere nur Über-
fluß und Beschwerde.» Wer ein Barometer aus dieser Zeit – über einen
Meter lange zerbrechliche Gläser –
aus der Nähe gesehen hat, versteht
die Aussage, aber für diese Zeit war
das etwa so, als ob man schon 1960
weiche Kletterschuhe der starren
Vibram-Sohle vorgezogen hätte.
Die vier Männer steigen ungefähr über
die heutige Normalroute auf, nämlich
über den Sporn, der sich vom Rottal-
horn ostwärts auf den Jungfraufirn
absenkt. Allerdings verfolgen sie den
Rottalsporn, auch Kranzbergegg genannt, bis zuoberst und müssen dann
über einen scharfen Grat in den Rottalsattel absteigen: «Wir befestigten,
wo dieser anfing, an einem tief in den
Schnee eingestoßenen Stock das Seil,
und setzten uns reitend auf den zu-
gespitzten Schneesattel. So glitten wir,
einer nach dem andern glücklich hinab, und kamen an den Fuß des Gipfels,
welchem wir uns zwischen nackten
Felsklippen, die aus dem Eise hervor-
stehn, ganz näherten.» Damit sind
aber die Schwierigkeiten keineswegs
vorbei. Kurz vor dem Gipfel stellt sich
ihnen nochmals ein zugespitzter
Eiskamm in den Weg, den sie rittlings
hinter sich bringen: «Links und rechts
unter unsern Sohlen schroffe Eis-
wände, hinunter bis ins dunkle Thal
links von Lauterbrunnen, rechts von
den Eisgefilden hinter dem Mönch.»

35

«Und wir kamen nach wenigen Schritten auf den höchsten Punkt des Jungfraugebirges zu stehen»: immer wieder ein erhabener Moment hoch über dem Lauterbrunnental. Am Horizont rechts der Mont-Blanc, der höchste Gipfel der Alpen.

Der grosse Augenblick

Dann, endlich, die 4158 Meter hohe Jungfrau, am 3. August 1811 nach 2 Uhr nachmittags. Vom Gipfel präsentiert sich ihnen ein sagenhaftes Panorama: «Vom Gipfel hinabgesehn schienen alle Gletscher Ebenen zu sein, ohne bedeutende Erhöhung oder Vertiefung. Nur der Montblanc, Mont-Rose, das finstere Aarhorn, das Schreckhorn, der Mönch, die beiden Eiger, und acht bis zehn unbekannte oder wirklich noch unbenannte Hörner vom Wallis, ragen, wie schroffe Berge oder Inseln, aus dem unübersehbaren Eismeere hervor.»

Die Erstbesteiger nageln als «Wahrzeichen unsers Hiergewesenseins» ein schwarzes Tuch an eine Stange der Leiter und stecken diese Fahne tief in den Schnee: «Möge sie inzwischen dastehn, und einst, wenn gleich halb verwittert, doch freundlichen denenjenigen entgegen wehen, die nach uns kommen, diesen vorher seit der Schöpfung nie erstiegenen Eisthurm zu betreten.» Die Alpinisten kehren ins Nachtlager auf dem Gletscher zurück, «wo wir frischen Vorrath von Lebensmitteln und ein wohlthuendes Feuer bereit fanden. Die Anstrengungen, welche wir den Tag über gehabt, betteten uns auf hartem Felsen weich.» Am folgenden Tag stapfen die zwei Städter und zwei Bergler über die Lötschenlücke ins Lötschental zurück.

Der falsche Gipfel?

Leider hatten sich Johann Rudolf junior und Hieronymus getäuscht: Für die Leute im Tal musste die Jungfrau einfach unbesteigbar sein. Es gab keinen Grund anzunehmen, dass dieser südliche Zugang (den ausser den Leuten der Meyerschen Seilschaft noch nie jemand gesehen hatte) leichter war als der nördliche. Leider war auch die auf dem Gipfel gehisste Fahne vom Tal aus nicht sichtbar. Es gab mehrere Vermutungen: Entweder hatten sich die Gebrüder Meyer im Gipfel getäuscht, oder ihre Fahne hatte den nächsten Sturm nicht überstanden. Man sagte, die Meyers hätten in Tat und Wahrheit das Gletscherhorn (3983 m) bestiegen. Tatsächlich lassen die Karte und die Beschreibungen Zweifel aufkommen. Immerhin wiederholte der Sohn von Johann Rudolf junior, Gottlieb, am 3. September 1812 zusammen mit Volker und Bortis die Besteigung. Sie hätten den Irrtum sicher erkannt, wenn sie nicht den gleichen Gipfel erklommen hätten. Um so mehr, als sich der Gipfel des Gletscherhorns von demjenigen der Jungfrau erheblich unterscheidet. Aber die Besteigung wurde angezweifelt. In einer späteren Nummer der «Miszellen» wehrten sich die Gebrüder Meyer dagegen: «Auch bitten wir den Herrn ‹Redaktor› der Berner Zeitung, er möge einen von jenen Zweiflern aufmuntern, uns ebenfalls im künftigen Jahr dahin zu begleiten, und dieser möge dann als Augenzeuge sein Publikum beruhigen und belehren. (...) Bis dahin finden wir es überflüssig, über diesen Gegenstand ferner etwas zu erwiedern.»

Den Meyers ging es nicht um den Ruhm, aber jetzt stand die Familienehre auf dem Spiel, und um die zu retten, machte sich im nächsten Sommer die ganze Familie auf den Weg zur Jungfrau: wie im Vorjahr Johann Rudolf junior und Hieronymus, dazu die beiden Söhne von J. R. junior, Rudolf (1791–1833) und Gottlieb, sowie Ludwig Thilo. Das Unternehmen

von 1812 ist vom Umfang her noch erstaunlicher. Es gab nichts Vergleichbares, bis die Bergsteiger aus Grossbritannien 50 Jahre später die Alpen in Scharen in Beschlag nahmen.

Neue Expeditionen ins ewige Eis

Dank den Erkenntnissen aus dem Vorjahr konnten die Meyers diesmal eine einfachere Route wählen, um mitten in das Massiv zu gelangen. Der Geograph J. H. Weiss, der für Grossvater Johann Rudolf gearbeitet hatte, hatte bereits 1795 das Oberaarjoch (3261 m) überschritten. Wenn sie jetzt noch über die Grünhornlücke gingen, die sie 1811 von weitem gesehen hatten, konnten sie ins Herz des Aletschgletschers vordringen, ohne den Umweg über das Rhonetal, den Beichpass und das Lötschental machen zu müssen! Dabei waren auch, wie im Vorjahr, die beiden Jäger Volker und Bortis. Obschon sie mit 25 Batzen pro Tag nur bescheiden entlöhnt wurden, hatten sie den Meyers versprochen, ihnen

überallhin zu folgen. Huber ist auch mit von der Partie sowie der ebenfalls aus Guttannen stammende Arnold Abbühl. Die Bergsteiger unternehmen Ende Juli einen ersten Vorstoss, doch nachdem sie eine primitive Steinhütte an den Flanken des Finsteraarhorns gebaut haben, verschlechtert sich das Wetter, weshalb der Rückzug auf die Grimsel erfolgt.

Der Vater (J. R. junior) und der Onkel (Hieronymus) sind müde. Am 15. August bricht Rudolf zusammen mit Volker, Bortis, Abbühl und Huber von der Grimsel auf, um über die Südostflanke und den Südostgrat den Finsteraarhorngipfel zu erreichen. Diesmal ist die Ausrüstung besser; sie umfasst vor allem Steigeisen. Die Route ist für diese Epoche bemerkenswert schwierig. Nach sechs Stunden Aufstieg muss der erschöpfte Rudolf auf 3900 m haltmachen; Huber bleibt bei ihm, während die drei Führer weitergehen. Stunden später sind sie zurück mit der Nachricht, oben gewesen zu

Welch eine Rundsicht: Xaver Imfeld zeichnete 1885 das Panorama von der Jungfrau. Die Meyers kannten nur sieben Gipfel, darunter den Eiger (ganz links) und den Mönch.

sein. Allerdings: Der Gipfelerfolg wurde jahrzehntelang angezweifelt; man sagte, sie seien nur bis zum Vorgipfel gekommen. Mit dem erst 1852 publizierten Originalbericht von Rudolf Meyer konnte der Alpinismuspionier und -historiker Gottlieb Studer die Erstbesteigung des Finsteraarhorns von dieser Seite bestätigen.

Eine gut verankerte Fahne

Aber das Unternehmen Meyer ist noch nicht zu Ende. Am nächsten Tag (17. August) überschreitet die Partie von Rudolf Meyer erstmals die Grünhornlücke (3286 m) zum Aletschgletscher. Ihr Biwak liegt gegenüber den heutigen Konkordiahütten. Gottlieb stösst, der gleichen Route folgend, zu seinem Bruder und stellt am Grüneggfuss am Rande des Konkordiaplatzes eine einfache Hütte auf, aber das schlechte Wetter der folgenden Tage zwingt sie zum Rückzug in die Alphütten von Märjelen ein ganzes Stück weiter unten. Rudolf kehrt auf die Grimsel zurück. Nachdem sich das Wetter gebessert hat, kann Gottlieb Meyer endlich die Ehre seiner Familie wiederherstellen, indem er mit Volker und Bortis die Jungfrau besteigt. Ihre Route ist diesmal der klassische Direktaufstieg vom Jungfraufirn zum Rottalsattel, der heute allerdings nur noch selten gemacht wird. Um 2 Uhr nachmittags sind sie auf dem Gipfel. Diesmal ist die Fahne auf dem Gipfel vom Tal aus gut sichtbar, ja, man sieht sie sogar 1842 immer noch! An der Besteigung gibt es keinerlei Zweifel. Aber erneut kommt schlechtes Wetter auf, und Gottlieb kehrt nach Märjelen zurück (wie unbequem muss der Vorläufer der Konkordiahütte gewesen sein). Schade, denn er war bereit, mit seinen Gemsjägern auch noch den Mönch (4099 m) zu besteigen. Am gleichen Tag, an dem Gottlieb Meyer den Gipfel der Jungfrau erreicht (3. September), überschreitet sein Bruder Rudolf von der Grimsel aus erstmals die Strahlegg (3340 m) – zum grossen Erstaunen der Grindelwalder Hirten: Es ist das erste Mal, dass das Massiv von Süd nach Nord überquert wurde. Am nächsten Tag wagen es Hieronymus und Ludwig Thilo, die Rudolfs Spuren folgen, wegen Nebels nicht, den Abstieg vom Pass unter die Füsse zu nehmen. Heinrich Zschokke veröffentlichte den Bericht der «Reise auf die Eisgebirge des Kantons Bern und Ersteigung ihrer höchsten Gipfel im Sommer 1812» nach schriftlichen und mündlichen Mitteilungen von Rudolf Meyer 1813 in seinen «Miszel-

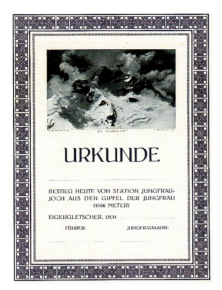

War schon immer wichtig: bezeugen, dass man oben war. Die Erstbesteiger hissten zuoberst eine Fahne, Touristen erhielten mehr als 100 Jahre später von der Jungfraubahn eine Urkunde.

len». Der Bericht erschien im gleichen Jahr auch als Buch und 1978 als Nachdruck im Huber Verlag, Bern.

Moderne Alpinisten

Ziehen wir eine Bilanz der beiden Unternehmen: 1811 ein Marathon von sieben Marschtagen mit Etappen, die wenige Alpinisten von heute ertragen würden, mit drei Biwaks im Schnee, zwei Pässen und der Erstbesteigung der Jungfrau. 1812 über zwei Wochen im Gebirge, Erstüberschreitung von zwei Pässen, Angriffe auf drei Gipfel, zwei bestiegen, fünf Alpinisten und mehrere Führer im Einsatz, zahlreiche in der Höhe verbrachte Nächte, entweder im Biwak oder in einfachen Hütten. Trotz schwieriger, ja gefährlicher Aufstiege kein schwerer Unfall. Eine erstaunlich sichere Technik und ein Gespür für das Gebirge in einem besonders weitläufigen Massiv, in dem man sich leicht verirren kann – mit und erst recht ohne Karte wie damals.

Es bleibt der Eindruck, dass die Meyers die Berge wirklich liebten, und zwar einfach so, aus lauter Freude am Entdecken und Erforschen. Sie hatten vor, auch 1813 wieder in diesen Teil der Berner Alpen zu reisen, aber der Tod von Vater Johann Rudolf sowie geschäftliche Ereignisse hielten die Industriellensöhne Meyer vom weiteren Bergsteigen ab. Das erstaunliche ist, dass man danach in der Geschichte des Alpinismus kaum mehr von ihnen sprach – und das ist schade. Bis wieder solche Alpinisten mit diesem Eroberungsgeist auftauchten, musste man die Ankunft der Engländer in der Mitte des 19. Jahrhunderts abwarten, das heisst den Beginn des Alpinismus als Sport. Leider hat genau diese Modernität den Meyers geschadet; sie hat dafür gesorgt, dass ihre Unternehmen nicht das verdiente Echo fanden. Mehr als de Saussure, Balmat oder Paccard waren sie die ersten Alpinisten, für die die Eroberung und die Entdeckung der Berge sich selber rechtfertigten. Dies ist der Geist, der, obwohl er sich jetzt zu verändern beginnt, alles in allem den Alpinismus von 1850 bis heute bestimmt hat.

Übersetzung aus dem Französischen von Emanuel Balsiger

Von den Lockungen
der verführerischen Schönen

«Aber mehr als alle erhaben, einzig und schön ist die Jungfrau, und, wenn man es von einem so entsetzlichen Fels- und Eiskörper sagen kann, so hat die Jungfrau, auf welcher noch nie eines Menschen Fuß stand und auch nie stehen wird, wenn nicht Revolutionen der Erde ihre Gestalt umformen, eine reizende Gestalt. Denn von ihrer unermeßlichen sanft gerundeten Kuppel an fällt die blendend weiße und reine Schneehülle um ihren schwellenden Körper in schöner Wellenlinie her, und keine Schründe und Abstufungen und rauhen Wände ragen irgendwo hervor, die das Ebenmaß und die sanfte Fläche stören könnten, außer an den untern Theilen, die mehr von den Stürmen berührbar sind.»

Karl Spazier: Wanderungen durch die Schweiz, 1790

Die Spitze mit dem Namen Jungfrau ist mehr als der «Inbegriff aller Berge»: Sie ist «erhabene Berggestalt», «Schönste der Alpen», «heilige Priesterin», «Königin», «große Titanin», «Ziel sehnsüchtiger Erdenqual», «Göttin», «hehre Ätherkönigin» und «Sphinx», aber auch «Höckerweib». Kein anderer Berg der Welt hat seit dem 18. Jahrhundert die Schreibglut reisender und bergsteigender Männer so entfacht wie die Jungfrau im Berner Oberland. Und die bildenden Künstler halfen eifrig mit, das Bild der Jungfrau in aller Welt zu verbreiten.

Der Deutsche Konrad Falke, der ganz «Im Banne der Jungfrau» (so der Titel seines Buches von 1909) stand, nannte sie «Mutter dunkler und doch zu höchster Verklärung erhobener Elementarkräfte» und beschreibt sie als Geliebte: «Von ihres Busens silberglänzenden Gestaden rinnt still herab ihr Gletscher-Seidenkleid.» Schon Jakob Samuel Wyttenbach, Pfarrer an der Heiliggeistkirche in Bern und Verfasser des ersten Reiseführers durchs Berner Oberland, hatte 1777 auf die phantasie-anregende Gestalt der Jungfrau hingewiesen: Vom Pfarrhaus von Lauterbrunnen «sieht man die erhabenen Gipfel des Jung-frauhorns, die sich gleich zwo schneeweissen Brüsten erheben». Der Däne Jens Immanuel Baggesen dichtete 1803 im Epos «Parthenäis oder die Alpenreise», die zur Jungfrau führt: «Jezzo stand sie, begegnendes Bliks, ganz waltende Göttin/Hoch in dem Himmel das strahlende Haupt, der Fuß in dem Abgrund/ Hell im Gewande des Schnees, mit ewigem Eise bepanzert.» So wurde sie auch gemalt, zum Beispiel von Ferdinand Hodler.

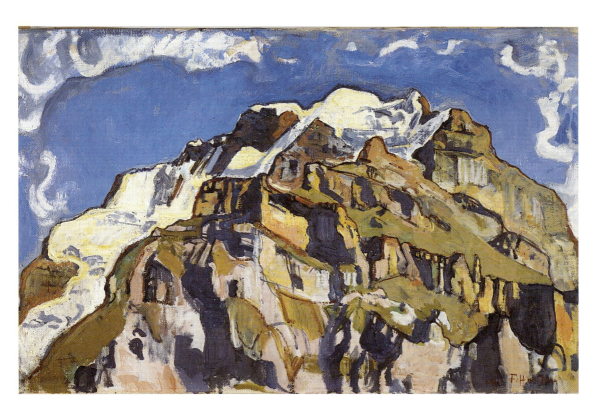

«Eiger, Mönch, Jungfrau – auf dem weiten Alpengebiet giebt es keine Berge, welche ein vollkommeneres Ganze bildeten. (…) Es sind drei charakteristisch verschiedene Berge, ein jeder mit seiner eigenen Physiognomie, seiner eigenen Gestalt, seinem eigenen Typus; und doch, hat man sie auch nur ein einziges Mal gesehen, so leben sie in der Erinnerung unzertrennlich beisammen. (…) In so wohlgelungenen Gruppen standen die antiken Gottheiten neben einander.»

Eugène Rambert: Les Alpes Suisses, 1869

Ferdinand Hodler:
Die Jungfrau mit Silberhorn
von Mürren aus, 1911,
Öl auf Leinwand, 60 x 90 cm

Ferdinand Hodler:
Eiger, Mönch und Jungfrau
über dem Nebelmeer, 1908,
Öl auf Leinwand, 67,5 x 91,5 cm
(nächste Doppelseite)

Natürlich hat Rambert recht: Der Künstler verändert beim Abbilden
die Natur. Zuerst eher unfreiwillig, später bewusst. Im 18. Jahrhundert galt es für die Künstler, aber auch für die Schriftsteller, die
bis anhin als schrecklich betrachtete Natur des Hochgebirges
gestalterisch überhaupt zu erfassen. Dominierte in den ersten
Gemälden und Zeichnungen noch der Schrecken, den die Gletscher
und Gipfel bei den Betrachtern auslösten, so wich er zusehends
dem Eindruck der Erhabenheit und der Idylle. Die Künstler
bekamen die Natur immer besser in den Griff und damit auch das
Publikum, das Bilder der Berge und seiner Bewohner wünschte.
Ansichten der Naturschönheiten der Schweiz wurden immer
häufiger hergestellt, und dabei war natürlich auch das Berner
Oberland und mit ihm die Jungfrau ein beliebtes Sujet. Waren die
ersten Künstler vor allem noch von den Wasserfällen im Lauterbrunnental fasziniert gewesen, so rückten sie mehr und mehr
die Gipfel ins Blickfeld. Zuerst wurde die Jungfrau nur in der Ferne
gezeigt, aber immerhin erkennbar, im Gegensatz zum Mönch.
Später zoomten die Künstler den Berg in den Mittelpunkt, während
der Vordergrund allenfalls noch folkloristische Staffage abgab.
Sie näherten sich dem Berg (jedoch nicht unbedingt der Wirklich-
keit), so wie der Maler Joseph Anton Koch, der mit der Zeichen-
mappe unter dem Arm gegen die Jungfrau wandert und – für die
Betrachter des Bildes – die Natur in all ihren Zusammenhängen,
von den Baumwipfeln bis zu den Eisgipfeln, sichtbar macht.

Samuel Birmann:
La Jungfrau prise près d'Unterseen,
kolorierte Aquatinta, etwa 1820,
10,3 x 14,4 cm

Joseph Anton Koch:
Landschaft mit der Jungfrau
und dem wandernden Maler, 1794,
Aquarell, 47 x 67,5 cm
(nächste Doppelseite)

«Hoch oben zur Linken ins Blaue der
Luft ragend der finstere, turmgekrönte Ostgrat der Jungfrau; dicht vor uns bis zum
rätselhaften Abschluß des Silbergrates die
schimmernde, reich gegliederte Firnterras-
se, am äußeren Rande die wundersamen
Gebilde der beiden Silberhörner und drau-
ßen im Norden, tief unter uns die grüne
Wengernalp: das ist ein Wechsel der Formen
und Farben, eine Abstufung vom Wilden
und Furchtbaren bis zum Idyllischen und
Lieblichen, wie sie eben doch kein anderer
uns bekannter Berg wieder bietet.»

Andreas Fischer: Hochgebirgswanderungen, 1913

Immer wieder beschwören Autoren die Kontraste, wie sie an der
Jungfrau erlebt werden können: Hell und Dunkel, Weiss zwischen
Blau und Grün, Schrecklich und Schön. Und es ist nicht zufällig,
dass gerade Alpinisten diese Gegensätze hautnah erleb(t)en. So
auch der Berner Professor Christoph Aeby bei der fast geglückten
Erstbegehung der Guggi-Route im Jahre 1865: «Es gibt keinen
Gipfel, der in vollerem Maße Majestät und Anmuth vereinigt, und
man braucht kein Schwärmer zu sein, um von seinem Anblicke
hingerissen zu werden, wenn die scharfen und doch so weichen
Linien im mackellosesten Weiß vom blauen Hintergrunde des
Himmels sich abheben.» Die Sicht von unten beschwor Theodor
Wundt in seinem Jungfrau-Buch von 1900: «Tausendfach glitzern
dort die Schneekrystalle an den ausgedehnten Firnwänden, an
welchen die Sonne, in voller Pracht herunterflutend, tiefe Schatten
wirft, und klar hebt sich das bläulich-grüne Eis von den dunklen,
zerklüfteten Felswänden ab. Das alles liegt unmittelbar vor
uns, und doch befinden wir uns auf grüner, blumenbesäter Flur.
Wir haben bekannten Boden unter den Füssen, und es dünkt
uns, als blickten wir in eine Ewigkeit hinein.»

«Himmlischer Friede lag auf ihren Gipfeln, als wenn sie die heitern Sitze der Seligen wären. Links an der aufgeschichteten Masse ließ sich der Himmel schwarzblau und sternenlos seh'n; aber rechts schwebte die Scheibe des Mondes mit goldenem Glanz in den unbewölkten Aether hinein, schien kosend eine Weile sich an die große Titanin hinzulehnen.»

Johann Rudolf Wyss: Reise in das Berner Oberland, 1817

Mond über dem Ostgrat der Jungfrau, Foto: Jost von Allmen

Felix Vallotton: La Jungfrau (nocturne), 1892, Holzschnitt, 14,5 x 25,5 cm

«Ihr Eisgebirge, Lawinen,
die der Sturm in jähen
Abgrund herniederfegt,
kommt her, zerschmettert
mich!»

Zitat aus «Manfred» von
George Gordon Lord
Byron. Das 1817 publizierte
Drama spielt am Fuss der
Jungfrau und machte für
die Schweiz Reklame wie
Schillers «Wilhelm Tell».
Den Wunsch nach Zerstö-
rung des Titelhelden und
Touristen Manfred vereitelt
ein einheimischer Gems-
jäger. Der Engländer Byron
hielt sich 1816 auf der
Wengernalp auf; eine An-
höhe daselbst hiess früher
Byronhöhe.

Wilhelm Henry Bartlett:
The Summit of the Jungfrau
(Scene from Manfred),
Stahlstich 1836,
11,7 x 17,6 cm.

Gegenüber den in grossen
Auflagen erschienenen,
schwarz gedruckten Exem-
plaren, welche vielfach später koloriert wurden, gehört
der abgebildete, in Bister
gedruckte und original
kolorierte Stich zu einer
äusserst seltenen Ausgabe.

Die drei Clubisten

Der Erste, der hieß Heiri.
Der Zweite, der hieß Henri.
Der Dritte, der hieß Enrico.
Der Erste kam von Zürich her.
Der Zweite kam vom Lemanstrand.
Der Dritte kam von Lugano.
Die trafen auf der Jungfrau sich.
Sie schauten in das Land hinab.
Da riefen sie begeistert aus:
Der Erste: Hoch das Schweizerland!
Der Zweite: Vive la belle Suisse!
Der Dritt': Evviva Svizzera!

Das fröhliche Murmeltier
Liederbuch des Schweizer Alpen-Clubs, 1899

Die Abendsonne wirft im Herbst und Frühling in der Nordflanke der Jungfrau ein grosses (Schweizer) Kreuz. Johann Jakob Wetzel hat das eidgenössische Schattenbild als einer der ersten gemalt, Christoph Aeby in einem der ersten Jungfrau-Bücher (1865) beschrieben. Er freute sich daran, «daß des Landes Wappenbild nicht bloß auf Gebilden von Menschenhand, sondern auch auf dem stolzen, von der Natur ihm gegebenen Schmucke, auf seinen Bergen prangt». Das Kreuz wird dort prangen, wenn dereinst eine neue Eiszeit die Schweiz unbewohnbar machte, so wie es sich der russische Dichter Iwan Turgenjew in seinem 1878 verfassten «Zwiegespräch» vorgestellt hat: «– Und jetzt? – fragt die Jungfrau, nachdem wieder einige tausend Jahre vergangen sind (...). – Jetzt ist's gut, – antwortet das Finsteraarhorn: jetzt ist's überall ordentlich, wohin man auch blickt... Ueberall unser Schnee, unser Eis. Alles ist erstarrt. Gut ist's jetzt, friedlich.»

Johann Jakob Wetzel:
La Jungfrau, gravé par Bodmer, etwa 1820,
kolorierte Aquatinta, 28,1 x 19,8 cm

Roman Candio:
Jungfrau. Abend 31. August 1984,
Aquarell, 23 x 31 cm

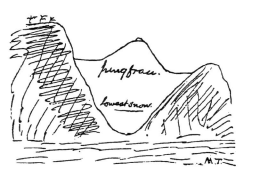

«Ich fühlte mich irgendwie an eine von
diesen gewaltigen Wogen erinnert, die
manchmal auf See plötzlich neben
dem Schiff aufsteigen – Kamm und Schul-
tern schneeweiß und die übrige eben-
mäßige Gestalt abwärts von sahnigem
Schaum gestreift.» So beschreibt der
amerikanische Satiriker Mark Twain «die
Riesengestalt der Jungfrau» im 1880
veröffentlichten «Bummel durch Europa»
und fügte diese wenig erhabene und
doch exakte Skizze bei, auf der die
unterste Schneegrenze markiert ist.

Mark Twain:
Kleines Bild von der Jungfrau, 1880

Karl Bickel:
Plakat für Trümmelbachfälle,
1929

«Der dick beschäumte Fluß dringt durch der Felsen Ritzen/
Und schießt mit gäher Kraft weiter über ihren Wall.»
Albrecht von Hallers Beschreibung des Staubbachfalles im Lauterbrunnental in seinem 1732 publizierten Lehrgedicht «Die Alpen»
macht den Anfang: denjenigen der Alpen-Begeisterung im
allgemeinen und des Tourismus im Oberland im besonderen. In
seinen 490 Versen preist der Berner Universalgelehrte die wilde
Schönheit der Berge und die schöne Freiheit seiner Bewohner.
Dank der Werbung von Dichtern und Malern, Reiseschriftstellern
und Reiseorganisationen wurde das klassische U-förmige, von
Gletschern ausgehobelte Tal, in das sich 72 Wasserfälle stürzen,
zur Traumurlaubsdestination zivilisationsmüder Städter. Die
Trümmelbachfälle, welche die Gletscher der Jungfrau entwässern
und im Innern der Talwände herabdonnern, vermitteln genau
jene schaurig-wohligen Gefühle, welche die Reisenden seit über
200 Jahren suchen.
Der Ruf der Schweizer Berge eilte auch über den Atlantik. James
Fenimore Cooper, Autor der Lederstrumpf-Erzählungen, machte
1828 und 1832 zwei längere Reisen in der Schweiz und besuchte
natürlich auch das Berner Oberland: «Als wir etwa zwei Dritt-
theile des Sees überschifft hatten, erblickten wir den Gipfel der
Jungfrau, wie eine Silbermasse über der niederen Bergkette,
deren Höhen das Wasser mit einer wohl zweitausend Fuß hohen
Mauer überhängten. Ich wüßte nicht, daß irgend ein anderer
Anblick eine lebhaftere oder imponirendere Idee von der unge-
heuren Höhe jener Gletscher gewähren könnte, als wenn man
sie auf diese Weise sieht, wie sie über ungeheure Berge empor-
ragen, an deren Fuße das Auge zu den wundersamen Säulen
hinaufschauet.» (aus: «Streifereien durch die Schweiz»)

«Sie streckte ihr Gipfelhorn aus den Wolken empor, weiß wie
Schnee, der auf einen Haufen getürmt ist.» So schilderte 1885 der
Franzose Alphonse Daudet in seinem humoristischen Abenteuer-
roman «Tartarins Reise in die Schweizer Alpen» die Jungfrau,
als sein Held sie von Interlaken aus zum ersten Mal erblickte.
«‹Tartarin, bis du so weit?› fragte streng die Jungfrau.» Noch war
er nicht so weit und ging lieber mit Fräulein Sonja flanieren.
Doch ein paar Tage später war Tartarin oben, «rammte seinen
Pickel in den Schnee, setzte sich auf dessen Haue, die Fahne
in der Faust, erhaben und prachtvoll».
Nur die zweitschönste Gipfelaussicht nach dem Wetterhorn gesteht
der US-Bürger Daniel P. Rhodes im 1903 in New York erschienenen
«Pleasure-Book of Grindelwald» der Jungfrau zu. Sogar Konrad
Falke, der ganz für sie eingenommen war, muss gestehen, dass
«die mit allen Reizen ihre Liebhaber verführende Jungfrau von den
andern Seiten betrachtet eher einem Höckerweib als einer Königin
gleicht!». Der Preusse Karl Theodor von Uklanski, der auf seiner
Oberland-Reise im Jahre 1809 mehr an den fraulichen Busen als an
deren eisigen Verkörperung interessiert war, verglich die Jungfrau
mit einem «mathematischen Konus vom weißesten Meliszucker».
Düstere Vergleiche fand Daudet während Tartarins Aufstieg
über den Guggigletscher: «Es sah aus wie eine hügelige, unebene
Stadt voller finsterer Gäßlein, geheimnisvoller Schleichwege
und verdächtiger Winkel zwischen marmornen Bauwerken und
zerfallenem Gemäuer, eine ausgestorbene Totenstadt mit breiten
menschenleeren Plätzen.» Was Daudet im 19. Jahrhundert gelang,
nämlich die Faszination der Jungfrau zu zeigen und diese gleichzeitig kritisch zu hinterfragen, schaffte der Schweizer Samuel
Buri 100 Jahre später. Wie kein anderer Künstler setzt er sich mit
dem Mythos von Eiger, Mönch und Co. auseinander. In einem
blauen Gemälde lässt er Farben, Himmel und Berge ausfransen.
Die Entschleierung der verschleierten Jungfrau.

«Wer sie einmal geschaut», behauptete
Christoph Aeby in seinem Jungfrau-Buch
von 1865, «dem wird ihr Bild nimmer
entschwinden.» Erste Folge: «Willig verläßt
er den häuslichen Herd, um den Lockungen
der verführerischen Schönen zu folgen,
welche in weißen Firngewändern ihm
erscheinen.» Zweite Folge: Touristen und
Touristiker rück(t)en der Jungfrau mit Feder
und Farbpinsel, mit Steigeisen und Ski, mit
Bohrmeissel und Bahnwaggons zu Leibe.

Paul Senn, P. Marti:
Plakat für Verkehrsverein Wengen, 1939

Fred Stauffer:
Plakat für die Schweizerische
Verkehrszentrale, 1930

Schon Heinrich Zschokke, Berichterstatter der Zweitbesteigung
der Jungfrau am 3. September 1812, spielte mit der Doppeldeutig-
keit des Namens: «Die beiden Walliser gelobten, auf dem Gipfel
der Jungfrau, der göttlichen Jungfrau und Himmelskönigin eine
Wallfahrt nach Maria Einsiedeln, wenn sie glücklich das Leben aus
der Gefahr davon trügen.» Alois Volker und Joseph Bortis lösten
das Gelübde noch im gleichen Jahr ein. Rein weltlich sahen es die
Begleiter von Karl Blodig, der um die Jahrhundertwende als erster
alle Viertausender der Alpen bestieg: «Um 6¼ Uhr war die mit
4167 Meter, wie die Führer sagten, ‹höchste Jungfrau der Welt›
erreicht.» Noch näher ging Konrad Falke bei einer seiner Bestei-
gungen ran: «So greifen wir wahrhaft die kühle Eisbrust des
Berges mit Händen und stehen an ihr wie in der Umarmung an-
geschmiegt.» Von einer doppelten Eroberung ist gar im Märchenspiel «Die Schildträger der Jungfrau» von Käte Joël die Rede,
das während des Baus der Jungfraubahn spielt. In der Liebesszene
zwischen dem Bauernmädchen Vreneli aus Wengen und Capo
Pietro, dem italienischen Aufseher der Bahnarbeiter, deklamiert
der zukünftige Geliebte:
«Mag's um mich wettern, donnern, blitzen,
Durchglüht, dich endlich zu besitzen,
Wirkt Wunder meine Leidenschaft,
Und ich verspüre Siegeskraft,
Der alles unterliegen muß!»
Dann küsst der Mann, der sich mit technischen Mitteln zur Jung-
frau hochbohrt, «leidenschaftlich» seine noch jungfräuliche Braut.
Ob die 100 Wengener Kinder diese Doppeldeutigkeiten anlässlich
der Erstaufführung wohl begriffen haben?
«Ja, es ist die Jungfrau», war Eugène Rambert 1887 felsenfest
überzeugt, und nicht «das schüchterne Mädchen» oder «die Kokot-
te»: Nein, es ist «die unnahbare, in ihrer Ruhe Ehrfurcht gebieten-
de Frau, die kein unholder Blick verletzen mag, weil in der reinen
Region, in welcher sie thront, nichts Gemeines sie erreichen kann.»

STAUFFER

SCHWEIZ

DAS REISE - PARADIES
DAS LAND UNSERER TRÄUME

SCHWEIZERISCHE VERKEHRSZENTRALE ZÜRICH u. LAUSANNE

J.C.MÜLLER, ZÜRICH 8.

«Einen erhabnern und zugleich schönern
Berg, als die Jungfrau ist, gibt es, glaube
ich, auf der ganzen Erde nicht.»
Urteil des Göttinger Philosophieprofessors
Christoph Meiners von 1785

Fotos: Jost von Allmen

«Die prachtvolle Pyramide der Jungfrau hinter uns, von ihrem
Sockel bis zur höchsten Spitze, war eine einzige Masse gleißenden,
magischen Lichtes. Aber nicht eine ungebrochene, glatte Masse,
nicht eine Fläche, wie sie manchmal aussieht im helleren Licht und
unter den dunkleren Schatten des Tages – es war eine ganz wilde
Welt von Zacken, Klippen und Gletschern; eine Terrasse lag über
der andern, eine Pyramide stand über der andern zwischen rätsel-
haft eingeschnittenen Tälern und schattendunklen Schluchten;
nach oben wurden die Formen immer zarter, immer duftiger, und
fanden ihren krönenden Abschluß in dem herrlichen Gegensatz
zwischen dem aufwärtsweisenden Kegel des Silberhorns und der
langgeschwungenen Linie des höchsten Gipfelgrates. Es war
eine chaotische Häufung großer Formen, die aber dennoch plan-
mäßig aufgebaut schien, wenn auch nicht für menschliche Ein-
sicht verständlich und nicht vergleichlich mit irgendwelcher von
Menschen geschaffenen Architektur. Das Ganze schien nicht ge-
wöhnliches Eis und Gestein, sondern Körper gewordenes Licht.»
Leslie Stephen im alpinen Klassiker «The Playground of Europe» von 1871

Wo Männer kühne Taten machten

Höhenflüge an der Jung-
frau: Sie versucht sich zu
wehren, aber die Alpinisten
steigen trotzdem hoch.

Postkarten von etwa 1900
und 1918, Plakat von Anton
Reckziegel mit der Guggi-
hütte, etwa 1900.

Die Jungfrau war – trotz des Namens –
am 3. August 1811 der erste, aber bei
weitem nicht leichteste Viertausender
der Schweizer Alpen, den Menschen
erstiegen. Auch später wurde an der
Firn- und Felsspitze hoch über der
Wengernalp und dem Lauterbrunnental Alpinismusgeschichte geschrieben.
Mit dem Begehen neuer, schwieriger
Routen betraten die Bergsteiger alpi-
nistisches Neuland: Nicht mehr der
Gipfel allein war das Ziel, sondern
auch der Weg dorthin. In dieser Hinsicht waren die Pioniere moderner als
die Scharen von Bergsteigern, die heute den 4158 Meter hohen Berg auf die
Schnelle abhaken wollen.

«Man rühmt sich, die Jungfrau erstiegen zu haben. Aber nein! Vielleicht
war es die Jungfrau vom Eggischhorn,
die von Interlaken bleibt ewig die
Jungfrau», behauptete Eugène Rambert – entgegen besserem Wissen – in
der sechsten Folge von «Les Alpes
Suisses», die 1887 in zweiter Auflage
publiziert wurden. Ausgerechnet in
dem Jahr, als drei Alpinisten die dritte
Route von Norden erkletterten, nämlich den schon 1863 durch Edmund
von Fellenberg und seine Männer
zweimal erfolglos angegangenen
Nordwest- oder Rotbrättgrat; eine
Route, die heute noch als schwierig

A. Reckziegel
Bern

Sorgt für Andrang:
die Bahn aufs nahe Jung-
fraujoch. Manchmal steigen
Scharen vom Jungfraufirn
zum Rottalsattel hinauf, wo
die Gefahren beginnen.

Sorgte für Schlagzeilen:
das Unglück von 1887 mit
sechs Toten. Eine Broschüre
von A. Fleiner gedachte der
auf den Jungfraufirn Ab-
gestürzten und stillte das
Sensationsbedürfnis.

Triumph und Tragödie
im Jahre 1887

Aber vielleicht hatte Rambert mit seinem Urteil über die unzugängliche Jungfrau –– in einem übertragenen Sinne – auch recht. Denn am 15. oder 16. Juli 1887 passierte die bisher grösste Katastrophe. Sechs junge Schweizer stiegen über den Rottalgrat auf, gerieten in Gipfelnähe in einen fürchterlichen Sturm und stürzten beim Abstieg gegen den Rottalsattel über die Ostwand auf den Jungfraufirn ab. Das Unglück erregte grosses Aufsehen. Eine Gedenkschrift erschien. Konrad Falke prophezeite rückwirkend: «Das ist die Jungfrau, wenn sie zürnt und die in ihren Abgründen schlummernden Berggeister aufweckt, um die ihr lästigen Menschen zu zerschmettern.» Charles Gos arbeitete im Buch «Berge im Zorn» die Tragödie dramatisch auf und meinte, die grosse Masse der Touristen «erschauerte (…) in rührender Blindheit vor dem magnetisch wirkenden Berg, dessen Bezauberung noch durch den Nimbus scheuer Jungfräulichkeit erhöht wurde. Die sechs Toten von 1887 mussten diese zu schöne Legende nüchtern zerstören.»

gilt. Damit gab es 1887 acht verschiedene Anstiegswege, wovon sich sechs auf der Berner Seite befanden, mithin also auf derjenigen, die mehr oder weniger von Interlaken aus sichtbar ist. Diese alpinistischen Fakten kannte zweifellos auch Rambert, war er doch nicht nur Schriftsteller, sondern auch Alpinist und von 1882–1884 gar Präsident des Schweizer Alpen-Clubs, den Fellenberg 1863 mitbegründen half.

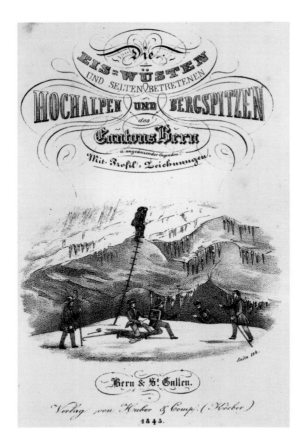

die sogenannte Hasli-Jungfrau, das Wetterhorn (3701 m) ob Grindelwald, erreicht. Damit hatte die Geschichte des Winteralpinismus mit einem Paukenschlag begonnen, und die Jungfrau war – wieder einmal – mit im Spiel.

Kein Dukaten für den Herrn

Die beherrschende Lage im Hauptkamm der Berner Alpen trug dazu bei, dass die Jungfrau von Anfang an im Mittelpunkt alpinen Geschehens stand. Gottlieb Studer schreibt in «Eis und Schnee», seinem grossen Werk über die Besteigungsgeschichte der höchsten Gipfel der Schweiz: «Die Jungfrau reizte noch früher als das Finsteraarhorn die Lust des kühnen Bergsteigers, der aus den grünen Ebenen des Landes zu ihr emporblickte.» Es war eine schier unglaubliche Tat gewesen, als am 3. August 1811 und am 3. September 1812 Seidenbandfabrikanten aus Aarau und Gemsjäger aus dem Wallis zum ersten und zweiten Male die Jungfrau bestiegen (siehe Kapitel «Von der Jungfrau zur Madame Meyer»), und zwar vom Jungfraufirn über den Rottalsattel und den Südostgrat – die heutige Normalroute. «Der Weg nach der Jungfrau war jetzt gebahnt» (Studer), aber es war ein Umweg über ihre Walliser Sei-

Die eiserne Lady

Viele Zeitgenossen hatten Mühe mit der Tatsache, dass ausgerechnet ein Berg, dessen Namen Unzugänglichkeit nahelegte, damals zu den am meisten und auf den verschiedensten Routen bestiegenen Bergen der Welt zählte. Die erste Frau, die ihre Bergschuhe auf den Gipfel der Jungfrau setzte, war am 23. August 1863 Miss Winkworth aus England gewesen. Eine andere Dame, nämlich Meta Brevoort, führte zusammen mit ihrem Neffen W. A. B. Coolidge und den Führern Christian und Ulrich Almer am 23. Januar 1874 die erste Winterbesteigung der Jungfrau aus; ganze 40 Minuten hielt sich die Gesellschaft oben auf, weil die Temperatur so angenehm war. Acht Tage zuvor hatte die gleiche Seilschaft

te. Gesucht war ein direkter Weg aus dem touristisch boomenden Berner Oberland. Caspar Rohrdorf, Präparator am Naturhistorischen Museum von Bern und Aufseher im Bärengraben, gebührt die Ehre, einen neuen Zustieg erfolgreich angeregt zu haben. Ende August 1828 fanden er und seine Grindelwalder Führer den direkten Zugang zum Jungfraufirn von Grindelwald aus über den Unteren Grindelwald- und den Fieschergletscher zum Unteren und Oberen Mönchsjoch. Eine Gipfelbesteigung glückte nicht, doch am 10. September pflanzten Peter Baumann, Ulrich Wittwer, Christian Baumann, Hildebrand Burgener, Peter Roth und Peter Moser – ohne Rohrdorf – eine 20 Pfund schwere eiserne Fahne auf den höchsten Punkt, die auch von Bern aus gesehen wurde. Eine höchst bemerkenswerte Besteigung: Wohl erstmals in der Geschichte des Alpinismus bestiegen Führer aus eigenem Antrieb einen hohen Gipfel, und erstmals erhielten Alpinisten für ihr Tun eine Art Medaille (wie 1932 die Gebrüder Schmid eine olympische Gold-

medaille für die Erstbesteigung der Matterhorn-Nordwand): Die Berner Regierung übergab den Drittbesteigern der Jungfrau je «eine Rekompenz von einer doppelten Dukate».

71

Pech für Franz Josef Hugi
(an sechster Stelle berg-
steigend) und seine Leute:
Viermal misslang der
Aufstieg aus dem Rottal.
Zeichnung von Augen-
zeuge Martin Disteli, 1830,
33,3 x 24,3 cm.

Waren alle an Erstbege-
hungen an der Jungfrau
beteiligt: die Berner Alpinisten Dübi, Aeby, Studer,
von Fellenberg (von links)
um 1800. Rechts zwei
unbekannte Bergsteiger.

Nicht alle Wege führen zum Ziel

Noch vor Rohrdorf, nämlich 1827, hatte der Solothurner Naturforscher Franz
Josef Hugi mit seinen Führern einen
Besteigungsversuch aus dem Rottal
unternommen, jenem wilden und
sagenerfüllten Kessel südwestlich
unterhalb der Jungfrau, in den diese
mit Wänden abbricht, die von Stein-
und Eisschlag widerhallen. Hugis
Expeditionen gelang es auch in den
folgenden drei Jahren nicht, bis zum
Gipfel durchzukommen. Auch die Engländer Yeats Brown und Frederick Sla-
de mussten ihren Rottal-Versuch mit
vier einheimischen Führern im August
1828 abbrechen. Neue Routen an der
Jungfrau wurden erst in den 60er Jah-

ren (des 19. Jahrhunderts) gemacht.
1841 und 1842 erfolgten die vierte und
fünfte Besteigung der Jungfrau. Am
28. August 1841 durch den Neuenbur-
ger und 1847 in die USA emigrierten
Naturwissenschafter Louis Agassiz,
den Alpinisten, politischen Flüchtling
und später in Neuenburg eingebürger-
ten Edouard Desor, den schottischen
Physikprofessor und Alpinisten James
David Forbes, den Franzosen Du Châ-
telier mit den einheimischen Führern
Jakob Leuthold, Johann Jaun, Melchior
Bannholzer und Andreas Abplanalp.
Am 14. August 1842 durch die Berner
Gottlieb Studer, Fritz Bürki, Melchior
Bannholzer, Johann von Weissen-
fluh, Andreas und Kaspar Abplanalp.
Nach 1851, als sich das Goldene Zeitalter des Alpinismus abzuzeichnen
begann, «folgten sich die Besteigun-
gen fast ununterbrochen» (Studer): So
1856 durch den Österreicher Sigis-
mund Porges, der im folgenden Jahr
erstmals mit Christian Almer und andern Führern den Mönch (4099 m) besuchte. So 1858 durch den Iren Charles
Barrington, der ebenfalls mit Almer
und Peter Bohren am 10. August vom
Jungfraugipfel nach Grindelwald
(1034 m) abstieg und am folgenden
Tag den Eiger (3970 m) erstbestieg –
einfach so, just for fun.

ostgrates, «ein jeder unangebunden für sich, da bei der starken Neigung des Abhanges ein Sturz des einen alle mitgerissen hätte» (Studer); Mitreissunfälle zählen heute zu den häufigsten Todesfällen im Hochgebirge, auch an der Jungfrau. Die Route von Thioly war eher eine Variante als ein wirklich neuer Weg, wie es zum Beispiel ein Aufstieg von der Wengernalp aus gewesen wäre, also über die immer wieder beschriebene und gemalte Schauseite der Jungfrau mit den Silberhörnern und dem Schneehorn. In seinem 1871 publizierten Buch «The Playground of Europe» freute sich der englische Topalpinist Leslie Stephen, «wie die Jungfrau das Schattengewand der Nacht abwirft, wie sie Falte um Falte ihrer wilden Gletscher enthüllt, um bald in einem heiligen Feuer zu erglühen». Und genau er war es, der zusammen mit seinen Landsleuten George, Hardy, Moore, Morgan und Liveing und den Oberländern Christian Almer, Chistian und Peter Michel, Ulrich Kaufmann, Christian Bohren, Peter Baumann und Peter Rubi am 21. Juli 1862 einen Durchschlupf durchs Labyrinth der Guggi- und Kühlauenengletscher aufspürte, allerdings nicht zur Jungfrau, sondern nur zum Jungfraujoch (3475 m).

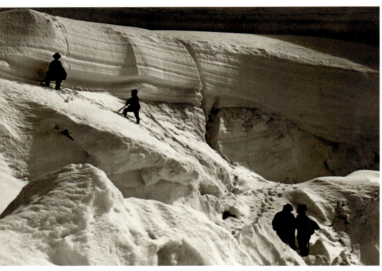

Spielplatz der Alpinisten: das Spaltenlabyrinth der Guggi- und Kühlauenengletscher. 1862 wagten Oberländer Bergführer und englische Herren den ersten Aufstieg.

Jetzt gilt es ernst

Der Juli 1862 markiert den Beginn einer neuen Epoche an der Jungfrau: Neue, schwierigere als die bisher begangenen Wege wurden nicht nur gesucht, sondern auch gefunden, zufällig oder mit Absicht. Weil sie keine Leiter dabei hatten, um die grossen Bergschründe unterhalb des Rottalsattels zu überwinden, hackten Fr. Thioly, A. Walter und J. Minnig am 20. Juli während sieben Stunden über 1200 Stufen in die durchschnittlich etwa 50 Grad steile Ostflanke des Süd-

Hier scheiterten 1863 Fellenberg und seine Führer: Fritz Fuchs, Ernst und Eduard Gertsch erkletterten 1926 erstmals die Schlüsselstelle im Rotbrättgrat, an der heute ein Fixseil hängt.

Vom Fellenbergflühli zum Busenhügel

Wieder einmal war der Weg gebahnt, physisch, aber auch psychisch. Bereits im nächsten Sommer wagte sich der Berner Geologe Edmund von Fellenberg wieder in die so wunderschön zerfurchte Nordseite der Jungfrau. Das Silberhorn (3695 m) war sein Ziel, jener von Falke als «Busenhügel» beschriebener Firnkegel. Zwei Versuche, ihn über den schwierigen Rotbrättgrat zu besteigen, schlugen fehl, mussten vielleicht auch an der Stelle scheitern, die seither Fellenbergflühli heisst. Erst 24 Jahre später, bei der Erstbegehung des Grates, gelang es Ambros Supersaxo, die sechs Meter hohe, überhängende Stufe in ausgesetzter Kletterei (vierter Schwierigkeitsgrad) seilfrei zu umgehen und dann von oben seinen Gefährten H. Seymour King und Louis Zurbriggen ein Seil zuzuwerfen; heute hangeln sich die Alpinisten an einem Fixseil hoch. Schwierigkeiten im Fels hielten die Bergsteiger zurück, nicht aber solche im Eis. Denn da konnten die Alpinisten die Griffe und Tritte notfalls selber schlagen. Nötig war dies, um über die zerschrundenen Gletscher auf der Nordseite der Jungfrau aufzusteigen. Insbesondere in den Steilstufen zwischen den einzelnen Gletschern

Sonne und Schatten:
Die Guggi-Route führt über
die Schauseite der Jung-
frau, hoch oberhalb der
Kleinen Scheidegg, wo die
Hotelgäste noch schlafen,
während die Bergsteiger
dem Kleinen Silberhorn
zustreben.

Aufsteigen und aufzeichnen:
Der Bergsteiger und Künstler Walter Alex Diggelmann
schuf 1958 das Werk «Die
Jungfrau, mein Berg» mit
22 Litographien. Blatt 18
zeigt einen Alpinisten, den
Südgrat oberhalb des Rot-
talsattels und «ein Steigeisen, den treuen Helfer in
Eis und Schnee».

Dramatischer Wettlauf um die Guggi-Route

Aber noch war die Jungfrau auf der
Vorderseite nicht erobert worden, um
es mal in der gängigen Alpinsprache
auszudrücken. Noch fehlte die Verbindung vom Silberhorn über Silberlücke
und Silbergrätli auf den Hochfirn und
schliesslich über den Nordgrat auf den
höchsten Punkt. Diese prestigeträchti-
ge Route über die Nordseite stand
nun ganz oben auf der Tourenliste der
Alpinisten, zumal 1864 eine Route von
Westen, durch das Rottalcouloir, er-
kämpft worden war. Im Sommer 1865
kam es zu einem Wettrennen, nicht
dem einzigen übrigens in den Schweizer Alpen. Am 14. Juli endete Whym-
pers Kampf ums Matterhorn mit dem
Absturz von vier Leuten seiner sieg-
reichen Seilschaft und mit der Nieder-
lage von Carrell, der erst drei Tage
später auf einer neuen Route auf den
seither bekanntesten Berg der Welt
stieg. Am 31. Juli lieferten sich eine
rein bernische und eine britisch-berni-
sche Mannschaft ein Duell bei der Erstbesteigung des Lauterbrunnen Breit-
horns (3785 m): Fellenberg/Michel/
Egger/Bischoff/Inäbnit gewannen
mit ein paar Seillängen Vorsprung
auf Hornby/Philpott/Almer/Lauener.

war Hackarbeit im Steileis gefragt. Die
Begeher schildern jeweils ausführlich
die gefährliche Kletterei durch die Eisbrüche, Seracs genannt. Über die
schwierigsten Stellen half oft eine Leiter; freilich war es schon ein schweiss-
treibendes Kunststück, diese überhaupt durch das Spaltenwirrwarr zu
schleppen. Fritz Fuchs und Christian
Lauener hatten diese Aufgabe, als sie
als Träger für die erfolgreiche Erstbesteigung des Silberhorns (und unterwegs des Schneehorns) am 4. August
1863 engagiert wurden. Als Führer
wirkten Christian von Allmen, Peter
Michel, Hans Baumann, Peter Inäbnit;
der Auftraggeber hiess Fellenberg, der
den im Urlaub weilenden Karl Bädeker,
Herausgeber der damals weitverbrei-
teten Reiseführer, zur Fahrt ins Un-
gewisse eingeladen hatte.

Gegenspieler an der Jungfrau: Melchior Anderegg (links) und Christian Almer. Die beiden Oberländer galten als die besten Bergführer ihrer Zeit. An der Jungfrau gelangen Almer vier Erstbegehungen, Anderegg eine.

James John Hornby und Thomas Henry Philpott nahmen Rache. Zusammen mit Almer und Lauener sowie verstärkt um Johann Bischoff und Ulrich Almer sen. biwakierten sie ungefähr an der Stelle, wo seit 1934 die Silberhornhütte (2663 m) steht, und kletterten am 10. August 1865, den Rotbrättgrat rechts liegenlassend, über die jähe Nordwestrippe auf das Silberhorn. Ein Schlechtwettereinbruch zwang die Erstbegeher zum Rückzug über den Guggigletscher. Immerhin hatten

sie eine schwierige (und gefährliche) Neuroute aufs Silberhorn und einen neuen Zugang zur Jungfrau entdeckt. Drei Tage später versuchte es von Fellenberg mit seiner Equipe, bei der auch der Berner Professor Christoph Aeby dabei war, über die Guggi-Route. Aber in der Nacht vom 13. auf den 14. August überfiel die in der Silberlücke Biwakierenden ein mit Gewittern versetzter Schneesturm, so dass ein Weiterweg zur Jungfrau nicht in Frage kam.

Nun war wieder ein gemischtes Team an der Reihe. Leader war einmal mehr der damals neben Melchior Anderegg beste Bergführer: Christian Almer aus Grindelwald. Hans Baumann und Ulrich Almer sen. waren die beiden andern Führer, Hereford Brooke George und George Young die englischen Herren. Am 29. August erreichten sie als erste die Jungfrau über alle Hängegletscher ihrer Nordseite; sie bestiegen auch erstmals die Wengen Jungfrau (4089 m), den nördlichen Vorgipfel. Seither ist die Guggi-Route klassisch geworden, erhält in den letzten Jahren jedoch nur noch selten Begehungen, da wegen der Klimaerwärmung die Gletscher schmelzen und ihre Bruchzonen noch schwieriger zu passieren sind.

Zuerst die Hütte, dann die Tour: Die Lauterbrunner wollten unbedingt eine direkte, gangbare und damit touristisch interessante Route aus ihrem Tal auf den berühmten Berg und stellten 1872 eine erste Rottalhütte auf. Erst 13 Jahre später fanden sie einen Weg über den himmelwärtsstrebenden Inneren Rottalgrat.

Rottal: Grosse Schritte im Alpinismus

Das Ende des Goldenen Zeitalters des Alpinismus wird allgemein auf das Jahr 1865 gelegt: Erstbesteigung des Matterhorns und Erstbegehung neuer, schwieriger Routen an den grossen Bergen (wie zum Beispiel am Mont-Blanc durch die Brenva-Flanke). Anders gesagt: Nicht mehr der Gipfel allein zählte, sondern der Weg dorthin. Melchior Anderegg war eine der führenden Figuren bei diesem Schritt ins Neuland.

Der Bergführer aus Meiringen begleitete 1863 von Fellenberg beim gescheiterten Aufstieg über den Rotbrättgrat aufs Silberhorn. Er war dabei bei der historischen Brenva-Besteigung. Und 1864 hatte er hinten im Rottalkessel den Anstoss gegeben, anstatt die Route zum Lauitor zu wiederholen, durch ein Couloir direkt zum Rottalsattel und weiter zur Jungfrau aufzusteigen. Am 9. August kletterten er und sein Cousin Jakob sowie Johann Bischoff, Leslie Stephen, Reginald John MacDonald und Florence Crauford Grove durch die höchst stein- und eisschlaggefährliche Rinne. Eine kühne Neutour, gleich die erste Überschreitung der Jungfrau und eine Parforceleistung sondergleichen: Lauterbrunnen ab 1.15 Uhr, Jungfrau an 13.30 Uhr, Hotel Eggishorn bei der Riederalp an 19.15 Uhr. In 18 Stunden 35 Kilometer mit 3350 Metern Auf- und 2000 Metern Abstieg. Nachahmer sind gesucht, aber bitte nicht durch das Rottalcouloir.

Die ersten Toten waren nicht die letzten

Schon bald erwies sich dieser Aufstieg von Westen als zu gefährlich. Bei der fünften Besteigung im Jahre 1872 riss eine Lawine die Seilschaft in die Tiefe, die beiden Führer kamen ums Leben, der Gast knapp mit dem Leben davon. Das Rottal behielt seinen makabren Beigeschmack: Die meisten Unglücke an der Jungfrau – insgesamt sind es mehr als 100 Tote – geschahen im steilen Firnhang zwischen Rottalsattel und Gipfelfelsen; kommen da Bergsteiger ins Rutschen, zum Beispiel beim Abstieg in aufgeweichtem Schnee, so fallen sie ungebremst in den Rottalabgrund hinab. Sicherungsstangen entschärfen heute die Unfallstelle. Ein sicherer Aufstieg aus dem Rottal musste unbedingt gespurt werden, zumal seit 1872 eine Hütte (2755 m) des Schweizer Alpen-Clubs ein komfortables Nachtlager gewährte. Den allerersten Unterstand hatte Hugis

Expedition 1829 errichtet. Im Sommer 1881 stieg Heinrich Dübi mit Fritz Fuchs und Peter Lauener über den Äusseren Rottalgrat, doch erst vier Jahre später machten die Wengener und Lauterbrunner H. von Almen, Ulrich Brunner, Fritz Graf, Karl Schlunegger, Johann Stäger (alle Bergführer) und Fritz von Allmen (Wirt) die seither gebräuchliche, durch drei Fixseile erleichterte Route über den Inneren Rottalgrat. Am Abend des 21. September 1885 telegraphierten die Erstbegeher vom Hotel Eggishorn «die Nachricht von der glücklichen Lösung des lange gesuchten Problems nach Lauterbrunnen» (Studer). Am 24. September 1887 wurde schliesslich noch der Rotbrättgrat erstmals begangen.

Nur für Schwindelfreie:
Standplatz am Nordostgrat,
hoch über dem Aletsch-
gletscher (links); unterste
Abseilstelle der häufig
überhängenden Route am
Rotbrätt-Bollwerk.

Nach den Graten die Wände

Nun wurde es ruhig um die Jungfrau, wozu auch das grosse Unglück von 1887 beigetragen haben mag. Aber noch waren nicht alle Probleme gelöst. Der sich vom Jungfraujoch über mehrere Steilaufschwünge zur Wengen Jungfrau emportürmende Nordostgrat wurde, wie der noch unzugänglicher erscheinende Mittellegigrat des Eigers, zuerst im Abstieg überwunden, nämlich am 2. September 1903 durch Charles Francis Meade mit Ulrich und Heinrich Fuhrer, zwei der damals besten Felskletterer der Schweiz. 1909 schwindelten sich Andreas Fischer, Hans und Ulrich Almer über die abschüssige Nordwestrippe auf den Nordostgrat empor, mussten aber wegen schlechter Verhältnisse und vorgerückter Zeit auf den Weiterweg zum Gipfel verzichten. Den ersten Aufstieg schafften am 30. Juli 1911 Albert Weber, Oberst und Skipionier, und Hans Schlunegger (Vater). Der Franzose Joseph George le Skieur wiederholte im Jahre 1923 als erster und alleine diese ernsthafte Route. Mit dem Nordostgrat waren alle Grate erstiegen worden; blieben die Wände, die alle steinschlägig und schwierig sind. Keine kann sich messen mit den Nordwänden der Gipfel westlich der

Coole Typen: Bergsteiger von ehedem mit Seil und Zigarre, Sportkletterer Sascha Wettstein mit Seil und Kletterschuhen in einer extrem schwierigen Stelle der Rotbrätt-Route «Fätze u Bitze». Der eine hat sicheren Boden unter den Sohlen, der andere halt-loser Abgrund.

Jungfrau (Gletscher-, Mittag-, Gross- und Breithorn) oder gar mit der Eigernordwand. Die Wandrouten der Jungfrau wurden und werden kaum wiederholt, ausgenommen vielleicht die Route über den Westarm des Giesengletschers und die nordwest-liche Gipfelrippe zur Wengen Jungfrau (erstbegangen von Hans Lauper und Pierre von Schumacher am 12. September 1926): eine dieser von Hans Lauper in den 20er und 30er Jahren entdeckten Linien in den Nordwänden des Jungfrau-Massivs.

1913 wurde die Ostwand erstmals bestiegen, 1927 die Südwand, 1945 die Nordwand. Einen besonderen Beitrag zum 175-Jahr-Jubiläum der Erstbesteigung leisteten die Bergführer Daniel Anker (nicht zu verwechseln mit dem Bergjournalisten gleichen Namens…) und Kobi Reichen: Sie durchstiegen in der Nordwand eine gefährliche und extrem schwierige Direktroute.

Der Weg ist das alleinige Ziel

1987 entdeckte der Berner Bergführer Res Leibundgut am Mälchstuel, einem Ausläufer des sich vom Silberhorn herabziehenden Südwestgrates, bis zu 250 Meter hohe Südwände, die guten und rauhen Kalk versprachen. In den nächsten Jahren zogen er und seine Kameraden im senkrechten bis über-hängenden Fels Routen hoch, bei denen allein die Fortbewegung ohne künstliche Hilfsmittel (Seil und Haken dienen nur zur Sicherung) und die Schwierigkeit zählen. Den Freikletterern geht es nicht um den Gipfel, sondern um den Weg. Deshalb gibt es Sportklettergebiete überall dort, wo sich fester Fels findet, am liebsten ohne weiten Anmarschweg; überwiegt die Nachfrage das Angebot, so entstehen auch Hallen mit künstlichen Kletterwänden. Der Mälchstuel (oder in dialektfreier Schreibweise Melkstuhl) ist anders:

Alles fährt Ski, Ski fährt die ganze Nation: Pierre von Schumacher mit Kurz-ski auf dem Silbergrätli, anlässlich der ersten Abfahrt über die Guggi-Route im Juni 1924. Sechs Jahre später wurden die Lauberhorn-Skirennen am Fuss der Jungfrau gestartet.

die Ambiance des Rottals ist spürbar, nicht nur, wenn plötzlich eine Eislawine vom Hochfirn durch das Tobel der Silberlouwena fegt. «Silberloui» heisst denn auch eine dieser modernen Routen, eine andere «Albin-Rössel-Gedenkweg» in Erinnerung an den Bergsteiger, der den selbstmörderischen Aufstieg durch dieses Tobel im Sommer 1920 überlebt hat. 1989/90 eröffneten Res Leibundgut und Christoph Mauerhofer in der auffallend gelb-rötlichen, glatten Felswand am Fuss des Rotbrättgrates elf Seillängen mit Schwierigkeiten bis zum achten Grad. «Fätze u Bitze» nannten sie die Route, nach einer Platte des Interlaker Rockstars Polo Hofer. Oberland for ever.

Neue Herausforderungen

Allerdings: Alpinismusgeschichte wird an der Jungfrau schon lange nicht mehr geschrieben, gewiss nicht von den Scharen, die im Frühling und Sommer vom nahen Bahnhof auf dem Jungfraujoch über die Meyersche Normalroute die Spitze erklimmen. Diesen Weg hatten am 24. Januar 1902 auch Jean Jacques David und Paul Koenig eingeschlagen. Von der Berglihütte (wohin sie von Grindelwald aufgestiegen waren) waren sie herübergekommen, nicht zu Fuss, sondern mit Ski. Sie benützten diese bis unterhalb des Rottelsattels und glitten nach dem Gipfelgang im tiefen Pulverschnee bei einbrechender Dunkelheit zur Konkordiahütte hinunter. Die Jungfrau war freilich nicht der erste Viertausender der Berner Alpen, bei dessen Besteigung die Ski benützt wurden: Das Finsteraarhorn hatte seine skialpinistische Premiere 75 Tage früher erlebt. Trotzdem ging die Jungfrau in die Annalen der Skigeschichte ein: Am 11. Juni 1924 kurvten Walter Amstutz (geboren 1902 und bei der Drucklegung dieses Buches immer noch aktiv) und Pierre von Schumacher über die Guggi-Route ab; in der Silberlücke beim Silberhorn schnallten sie sich zum ersten Male die Kurzski an. Eine verrückte Idee, diesen Weg mit den Steilaufschwüngen (wo die Ski getragen werden mussten) und mit dem Spaltengewirr abzufahren. Aber der Mürrener Hotelierssohn Amstutz muss ein extremer Skifahrer gewesen sein; als Kurdirektor von St. Moritz erfand er 1930 das Geschwindigkeitsfahren, den kilomètre lancé.

Fritz Steuri bleibt unerreicht

Rekorde gibt es auch an der Jungfrau zu verzeichnen. 1935 eilten die beiden Führer Adolf Rubi und Hans Schlunegger in nur 16 Stunden von der Mittellegihütte über Eiger, Mönch und Jungfrau bis nach Stechelberg im Lauterbrunnental – hierhin allein 3250 Meter Abstieg vom Gipfel der Jungfrau. Am 3. August 1986 ging der Lauterbrunner Bergführer Adolf Schlunegger den umgekehrten Weg: gut vier Stunden Aufstieg von Stechelberg über den Rottalgrat auf die Jungfrau, Abstieg ins Jungfraujoch, mit der Bahn hinab nach Eigergletscher, Aufstieg über den Nollen auf den Mönch, Abstieg wieder ins Joch, mit der Bahn bis Eismeer, Aufstieg über Mittellegihütte und -grat auf den Eiger und Abstieg über die Westflanke nach Eigergletscher: 19 Stunden und 6000 Höhenmeter

genau am Tag der Erstbesteigung, 175 Jahre später.

Und dann war da noch Fritz Steuri aus Grindelwald, Bergführer und dreimaliger schweizerischer Skimeister im alpinen Dauerlauf (1905–1907). Er stand so oft auf der Jungfrau wie sonst niemand: 1139 Mal. Und widerlegte damit eindrücklich die Warnung von Eugène Rambert: «Weh dem Menschen, der es wagte, die Falten dieses eisigen Gewandes zu berühren, er stürzte unrettbar in die Tiefe.»

Höhenflüge an der Jungfrau: Bergführer Fritz Steuri, Skirennfahrer der ersten Stunde, stieg mehr als 1000 Mal auf die Jungfrau – und auch wieder hinab. Gleitschirmflieger gab es zu seiner Zeit noch nicht (nächste Doppelseite).

Königin der Bergbahnen

Eine Jungfraubahn-Chronik mit den wichtigsten Daten

1893
Die Wengernalpbahn (WAB) wird eröffnet, und Adolf Guyer-Zeller bemüht sich um die Konzession für eine Bahn auf die Junggfrau.

1894
Konzessionserteilung

1896
Baubeginn

1898
19. September: Eröffnung der Strecke Kleine Scheidegg–Eigergletscher

1903
18. Juni: Verlängerung bis zur Station Eigerwand

1905
25. Juli: Verlängerung bis zur Station Eismeer

1912
1. August: Eröffnung der Bahn bis zur Station Jungfraujoch

1924
Einweihung des Berghauses, bisher dienten die Räume des heutigen Touristenhauses für Restauration und Unterkunft

1930
Eröffnung der Forschungsstation

1937
Eröffnung des Sphinx-Observatoriums

1944
Die Bahnen der Jungfrau-Region werden in einer Direktionsgemeinschaft zusammengeschlossen, Sitz der Verwaltung wird Interlaken.

1951
Die Bahn wird eine reine Zahnradbahn.

1955
Ankunft der ersten Triebwagenzüge. Bis 1966 werden 10 Triebwagenzüge beschafft, welche die alten Lokomotivzüge auf Reservedienste und den Spitzenverkehr beschränken.

1972
Die Aussichtsfenster in den Stationen Eigergletscher und Eismeer werden so erweitert, dass gleichzeitig die Reisenden von 4 Zügen Zugang zur Aussicht haben.

1972
Berghaus und Touristenhaus verbrennen.

1987
75-Jahr-Feier der Station Jungfraujoch. Zu diesem Anlass kann auch das neue Berghaus «Top of Europe» am Standort des Vorgängerbaus eingeweiht werden.

1991
Inbetriebnahme der erweiterten Stationsanlage auf dem Jungfraujoch

1992 und 1993
werden vier neue Triebwagenzüge in Betrieb genommen. Damit entfallen die Lokomotivzüge auch aus dem Spitzenverkehr. Sie bleiben jedoch erhalten und kommen gelegentlich als «Eiger-Ambassador Express» zum Einsatz.

1996
Einweihung der neuen Sphinx: Doppelliftanlage zum zweigeschossigen Wintergarten und zur Aussichtsterrasse im Freien; erweiterte Forschungsstation

Kennst Du das Land, wo die Jungfraubahn fährt: Selbst Goethes berühmtes Italien-Gedicht wurde benützt, um Stimmung für das gewagte Bahnprojekt zu machen. Gratis-Beilage zum «Oberländer Volksblatt» von 1894.

Jungfrau Bahn.

Mignon.

Kennst Du das Land, wo Alpen-
            rosen blüh'n,
Im Abendstrahl die Gletscher
            rot erglüh'n,
Helvetia's Farben von Pa-
            läften weh'n,
Der Gemsbock springt und still die Kühe steh'n?
    Kennst Du es wohl? Dahin, dahin,
Ich halt' es nimmer aus, o laß uns zieh'n!

Kennst Du das Haus? auf Säulen ruht sein
            [Dach,
In stillem Harren lädt ein kühl Gemach,
Und Kondukteure flöten süß Dich an:
Einsteigen, if you please, zur Jungfraubahn!
    Kennst Du es wohl? Dahin, dahin,
Mit einem Rundbillet, o laß uns zieh'n!

Kennst Du den Berg und seinen Eisensteg?
Das Blitzthier sucht im Tunnel seinen Weg,
In Höhlen wohnt der Kellner sanfte Brut,
Zur Jungfrau schwebst per lift Du glatt u. gut.
    Kennst Du ihn wohl? Dahin, dahin
Führt unser Weg; o heut' noch laß uns zieh'n!

Otto Lorch. 94.

Jungfrau

4096 Met.

Silberhorn

Grofshorn

Breithorn

Station
Wengernalp

Station
Mürren

Station
Lauterbrunen

92

Ein besonders originelles
Jungfrauprojekt schlug die
Zeitschrift «Nebelspalter»
1889 vor: einen 3000 Meter
hohen Eiffelturm im Lauterbrunnental.

Die Jungfraubahn

Den drei bekanntesten Gipfeln der
Alpen, dem Mont-Blanc, dem Matterhorn und der Jungfrau, ist hinsichtlich
ihrer Erschliessung ein ähnliches
Schicksal beschieden gewesen: Frühe
ambitiöse Projekte und unvollendete
Realisationen: Das Tramway du Mont-
Blanc blieb am Glacier de Bionassay
stecken. Seither sind ein paar kühne
Luftseilbahnen in die Nähe, aber eben
doch nicht bis zum Gipfel vorgedrungen. Von den Doppelprojekten Gornergrat–Matterhorn wurden nur die
ersten verwirklicht. Auch beim Matterhorn rückten erst in den letzten
Jahrzehnten Luftseilbahnen bis zu
seinem Fuss vor, aber noch weit weg
vom Gipfel. Am erfolgreichsten waren
die Eisenbahnunternehmer mit ihren
kühnen Absichten bei der Jungfrau.
Kam die erste, noch recht utopische
Eisenbahn auf den Mont-Blanc schon
um 1830 (!) zur Sprache, so postulierte
erst in den 1860er Jahren der Interlaker Hotelier und Nationalrat Friedrich
Seiler eine Jungfraubahn. Ende der
achtziger Jahre rivalisierten dann
mehrere Projekte, eines gewagter
und utopischer als das andere, um die
Gunst der weissen Dame. Gemeinsam
war diesen Anlagen, die mit Seilzug
oder Druckluft teils ober-, teils unter-

Bald schweben wir per „Zeppelin",
Federleicht zur Jungfrau hin!

Männliche Eroberungsträume
im Goldenen Zeitalter des
Bergbahnbaus: Postkarte
von ungefähr 1900.

93

Entsetzen und Entzücken:
Plan und Bau der Jungfraubahn lösten gegensätzliche
Reaktionen aus, auch
bei den Postkartenmalern.

**Wurde wegen Finanzknapp-
heit und Erstem Weltkrieg
nicht ausgeführt: das letzte
Stück der Jungfraubahn
vom Jungfraujoch bis unter
die Spitze, die ein Lift
und eine Wendeltreppe
erschlossen hätten.**

irdisch hätten betrieben werden sollen, der Ausgangspunkt Stechelberg
hinten im Lauterbrunnental, von wo
aus auf recht kurzer Distanz rund 3300
Höhenmeter hätten überwunden werden sollen. An Wettlauf der Ingenieure
beteiligte sich unter anderen auch
Gustave Eiffels Assistent Maurice
Köchlin, worauf die humoristische
Zeitschrift «Der Nebelspalter» gleich
vorschlug, im Lauterbrunnental einen

zweiten Eiffelturm von etwa 3000
Metern Höhe zu erstellen, von dem
aus dann eine horizontale Luftseilbahn
zum Jungfraugipfel geführt hätte.
Die schliesslich realistische Lösung
fand der Zürcher Industrielle Adolf
Guyer-Zeller (1839–1899), der mit
einem Anschluss an die 1893 eröffnete
Wengernalpbahn (WAB) bei der
Station Kleine Scheidegg die schon
gebaute Höhendifferenz nutzen wollte.
Im gleichen Jahr noch reichte Guyer-
Zeller das Gesuch für eine Konzession
an die eidgenössischen Behörden
ein, ein Jahr danach erhielt er das be-
gehrte Dokument. Schon vorher hatten
namhafte Mediziner eine höhenphy-
siologische Expedition unternommen,
um abzuklären, ob derartige Höhen
den Bauarbeitern und den künftigen
Passagieren überhaupt zugemutet
werden könnten.
Das Gutachten
lautete so günstig,
dass im Jahr dar-
auf die eigentliche
Baubewilligung
erteilt und 1896
schliesslich mit
dem Bau begon-
nen werden konn-
te. Sobald der Aus-
bruch des grossen

ORELL FÜSSLI

Tierversuch, um die Unge-
fährlichkeit eines raschen
Aufstieges per Bahn in
die sauerstoffärmere Höhe
zu beweisen: aus der
Konzessionsschrift für
die Jungfraubahn vom
20. Dezember 1893.

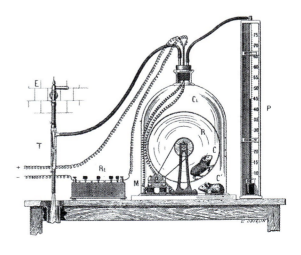

Er hatte die Idee, sie pickel-
ten sich hoch: der Zürcher
Industrielle Adolf Guyer-
Zeller 1897 in der Druck-
leitung des bahneigenen
Kraftwerkes Lauterbrunnen;
italienische Arbeiter am
Bau des Trassees beim
Eigergletscher unterhalb
des Eigers.

Tunnels in Angriff genommen wurde,
entstand beim Tunneleingang am
Eigergletscher ein Barackendorf für die
technischen Einrichtungen und die
Unterkünfte. Bis heute ist die Werk-
stätte der Jungfraubahn an diesem Ort
angesiedelt. Es handelt sich damit um
die höchstgelegene Eisenbahnwerk-
stätte Europas. Am Anfang verlief der
Bau recht rasch, bereits am 19. September 1898 konnte die Strecke Kleine
Scheidegg–Eigergletscher eingeweiht
werden, und ein Jahr danach, am
2. August 1899, folgte die Strecke bis
zum provisorischen Felsentor am Rot-
stock. Allerdings war der Bau durch

zwei grosse Explosionsunglücke über-
schattet worden, dem 6 Arbeiter zum
Opfer fielen, und am 3. April 1899 war
Guyer-Zeller als die treibende Kraft
der Unternehmung unerwartet gestor-
ben. Am 18. Juni 1903 feierte man
die Eröffnung der Station Eigerwand,
und am 25. Juli 1905 wurde die Bahn
bis zur Station Eismeer eröffnet. Beide
Felsenstationen erhielten Aussichtsfenster. Hier war auch ein Ausgangsstollen
für Alpinisten und später für Skifahrer
errichtet worden sowie ein Restaurant,
denn man war sich sehr wohl bewusst,
dass die Fortsetzung nun etwas auf
sich warten lassen dürfte. Dass es aber

Bohren, beaufsichtigen, beschreiben: Abtransport des Ausbruchsmaterials im Tunnel unter dem Eiger (oben). Arbeiter mit Hammer und Bohrmaschine im Ausbruch der Station Eismeer im Jahre 1903 (unten).

Titelbild des Jugendbuch-Bestsellers von 1913, der in vier Sprachen übersetzt und 1958 im 103. Tausend aufgelegt wurde.

bis 1912 gehen würde, hatte wohl niemand erahnt. Dem härteren Gestein wurde mit besseren Bohrmaschinen zu Leibe gerückt, dennoch kam der Bau langsamer voran, weil er im Sommer zugunsten des bereits stark blühenden Reiseverkehrs zu den heutigen Zwischenstationen eingestellt wurde. Erst Anfang 1912 erfolgte der Durchbruch am Jungfraujoch auf Walliser Seite, die feierliche Eröffnung der Bahnstation Jungfraujoch auf 3454 Metern Höhe am schweizerischen Nationalfeiertag, dem 1. August 1912. Noch wäre eine Fortsetzung geplant gewesen, anfangs als Zahnradbahn, das letzte Stück dann als Schrägaufzug bis unmittelbar unter den Gipfel der Jungfrau. Die beschränkten Platzverhältnisse, Kapazitätsprobleme, vor allem aber die finanzielle Situation der Bahngesellschaft liessen jedoch auf dieses Vorhaben verzichten. Die kommenden Jahre waren ohnehin nicht einfach. Wurden im letzten Friedensjahr 1913 noch rund 85 000 Personen befördert, so sank diese Zahl 1915 auf das Rekordtief von 5000. Nur wenige Jahre der Zwischenkriegszeit brachten mehr als 100 000 Passagiere, erst ab 1947 war eine kontinuierliche Aufwärtsbewegung zu verzeichnen. Heute werden pro Jahr über 400 000 Personen beför-

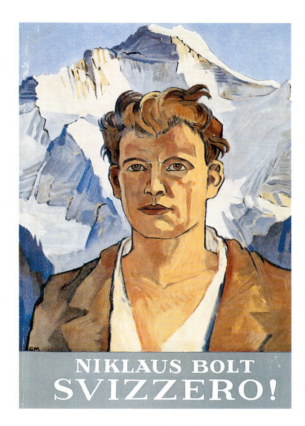

NIKLAUS BOLT
SVIZZERO!

dert, 1994 waren es genau 491 527! Von den 9,3 km Streckenlänge verlaufen nur gut 2 km oberirdisch. Von der Ausgangsstation Kleine Scheidegg geniesst der Reisende eine grossartige Aussicht auf die Hochgebirgslandschaft der Wengernalp und die Nordflanken von Mönch und Jungfrau. Bei der einstigen Ausweichstelle Fallboden erhaschen aufmerksame Reisende auch einen Blick in das Tal von Grindelwald und auf die bedrohlich nahe

Schöne Aussichten am Ende eines Tunnels: Die Jungfraubahn war von Anfang an eine elektrisch betriebene Zahnradbahn.

Nordwand des Eigers. Bei der Station Eigergletscher verzieht sich der Zug ins Felseninnere, das er bis zur Endstation nicht mehr verlassen wird. Von den Felsenfenstern aus, die der Station Eigerwand vorgelagert sind, sind der Talkessel von Grindelwald und die Berner Voralpen zu bewundern. Das können sich die Reisenden gedanklich noch vorwegnehmen, doch welch eine Überraschung beim nächsten Halt: Selten nur hat ein Bahnhof einen so treffenden Namen wie die JB-Station «Eismeer». Die urtümliche Gletscherlandschaft im Einzugsgebiet

des Unteren Grindelwalder Gletschers war den Alpinisten längst bekannt. Eine vergleichbare Szenerie bot allenfalls der Blick von Montanvers oberhalb von Chamonix auf das dortige Mer de Glace. Es lag daher ganz im Bestreben der Jungfraubahnbauer, den Touristen eben nicht nur den Blick von der Jungfrau oder doch zumindest vom Joch aus zu offerieren, sondern auch einen Eindruck von dieser Urlandschaft aus Fels und Eis. Um diese Stelle zu erreichen, war die Höchststeigung der Bahn mit 25% gegeben, danach musste eine weniger steile Strecke anschliessen, um das Joch in günstiger Höhe zu unterfahren. Bis 1951 folgte daher eine Adhäsions-, das heisst Reibungsstrecke ohne Zahnstange. Weil die Passagiere wegen der atemberaubenden Aussicht ja ohnehin den Zug verlassen hatten, war das Umsteigen in einen andern Zug keine Beeinträchtigung des Reisekomforts. Erst bei der Beschaffung der neuen Triebwagenkompositionen erwies sich dieses System von Nachteil: Fahrzeuge für reinen Zahnradbetrieb sind technisch einfacher und preisgünstiger. So wurde 1951 zwischen der Station Eismeer und der kurzen Steilrampe vor der Endstation Jungfraujoch sowie in der Bergstation selbst eine Zahnstange

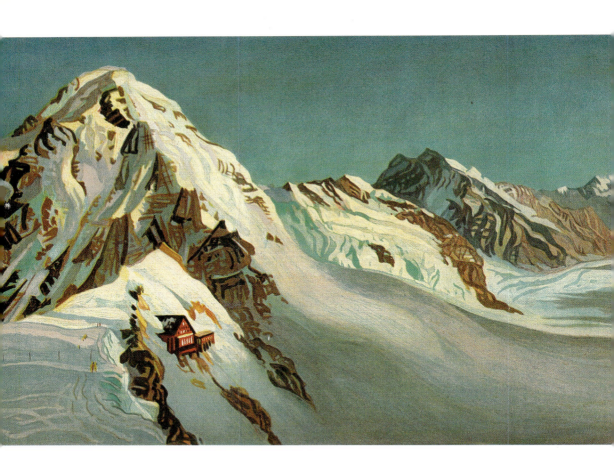

Hautnah das Gebirge erleben, schon während des Bahnbaus und von jeder Station: mit Fernrohr und Liegestühlen in der Eigernordwand; mit Seil und Pickel auf dem Eismeer; einfach staunend auf dem Jungfraujoch hoch über dem Aletschgletscher (aus einem englisch gedruckten Werbeprospekt).

Ausblick aus der Station Eismeer und Sonne über dem
Nebelmeer: Die Werbung für
die Jungfrau Railway lockt
seit jeher mit der Möglichkeit «oben statt unten».
Links: Plakat, Künstler unbekannt; rechts: Plakat von
Otto Baumberger, 1924.

MIT DER
JUNGFRAUBAHN
IN DIE REGIONEN
DES EWIGEN EISES

früheren technischen Besonderheit.
Rund 50 Minuten nach der Abfahrt
von der Kleinen Scheidegg ist der
Bahnhof Jungfraujoch erreicht; mit den
alten Lokomotiven der Anfangszeit
waren es noch 54 Minuten.

Die in den letzten Jahren grosszügig
ausgebaute und vergrösserte Bergstation ist das Zentrum einer kleinen
Hochgebirgssiedlung (siehe Kapitel
über das Jungfraujoch). Die Attraktio-
nen des Jungfraujochs sind so vielfäl-
tig, dass ihre Gesamtbesichtigung in
einem Ausflugstag nur noch schwer
möglich ist. Und das ist recht so, denn
die Fahrt mit der Bahn zur höchsten
Bahnstation Europas und die mannig-
faltigen Eindrücke könnten auch gar
nicht in einem einzigen Anlauf bewäl-
tigt werden. Für viele Besucher aus
dem Fernen Osten bedeutet zwar die
Fahrt mit der JB einen einmaligen
Höhepunkt in ihrem Leben. Wer die
Chance hat, etwas näher zu wohnen,
könnte allerdings süchtig werden:
Selbst prosaisch-trockene Oberländer
geraten ob der Jungfraubahn ins
Schwärmen.

eingebaut. Die älteren Lokomotiven
wurden für das neue Betriebssystem
angepasst. Seither steigen die
Reisenden, nachdem sie sich den
Ausblick auf das Eismeer zu Gemüte
geführt haben, wieder in den gleichen Zug ein und bemerken nur
noch durch die unterschiedlichen
Geschwindigkeiten etwas von der

CHEMIN DE FER DE
LA JUNGFRAU SUISSE

LE JUNGFRAUJOCH
3457 M. D'ALTITUDE
AU-DESSUS DE
LA MER DE BROUILLARD

Drei Berge, zwei Bahnen
und täglich im Dienst:
Jungfraubahn und
Wengernalpbahn (unten).

Drei Generationen Fahrzeuge
der Jungfraubahn:
oben von rechts nach links:
Lokomotive He 2/2 6 (1904),
Triebwagen BDhe 2/4 204 (1960),
Triebwagen Bhe 212 (1993);

Ein ganz besonderer
Wagen:
Der Zisternenwagen für
die Trinkwasserversorgung
auf dem Jungfraujoch.

Jungfraujoch: Top of Europe

lohnt sich: Der Tiefblick über die senkrechten Bruchfelsen der Nordwand auf grüne Alpweiden sowie der Anblick der weissen, zerfurchten Gletscherbrandung sind unvergesslich, trotz der Glasscheiben; solche behinderten die Touristen früher nicht beim Einatmen alpiner Luft. Die Fahrt über die 9,3 km (davon 7,1 km im Innern von Eiger und Mönch) lange Strecke dauert 50 Minuten. Und dann sind wir auf der «Insel der Zivilisation inmitten der urweltlichen Wildnis der Alpen» (Festschrift zum «Haus über den Wolken»).

Ankommen und aussteigen: zuerst vom Zug in den unterirdischen Bahnhof, dann von den Gebäuden im Berginnern ans Tageslicht und auf das vergletscherte Aussichtsplateau beim eigentlichen Jungfraujoch. Natur und Technik in beeindruckender Verbindung, so auch auf dem von Emil Cardinaux gemalten Titelbild einer hübschen Broschüre zur Jungfraubahn (rechts).

Wo Herzen höher schlagen:
3454 Meter oder 11 333 Fuss über dem Mittelmeer. Für viele Touristen bildet die Fahrt zum Jungfraujoch den Höhepunkt einer Schweizer Reise. Zu Recht, denn «Top of Europe» ist das Höchste, in vieler Hinsicht.

Der erste Zug bergwärts verlässt täglich um 8.02 die Kleine Scheidegg. Allerdings fahren manchmal noch früher Züge hinauf, doch diese stehen nicht im offiziellen Fahrplan. Was auch nicht drin steht: die Zwischenhalte von je fünf Minuten bei den Stationen Eigerwand und Eismeer. Aussteigen

Der höchste Bahnhof Europas wurde am 1. August 1912, in Anwesenheit des gesamten Bundesrates der Schweiz und nicht zufälligerweise am eidgenössischen Nationalfeiertag, offiziell eröffnet. Bis auf ein paar Meter gleich hoch ist die Bergstation der unterirdischen Standseilbahn «Metro Alpin» auf das Mittelallalin oberhalb Saas Fee. Eine Drahtseilbahn ist allerdings keine richtige Eisenbahn. Noch höher hinaus als schienengebundene Transportsysteme führen Luftseilbahnen: die Bergstation Klein Matterhorn oberhalb Zermatt liegt auf 3815 m; diejenige der Aiguille-du-Midi-Bahn von Chamonix auf 3780 m.

«Für den Ungewohnten kann ein kurzer Aufenthalt in dieser herrlichen Runde zur Feierstunde werden. Rings herum schaut er die schroffen Felsgräte, das fliessende Gletscherge- trümmer, sein Fuss berührt den Saum des gewaltigsten Eisstromes der Alpen, seine Hände ballen den reinen, weissen Schnee und wie auf einer kleinen, sichere- ren Insel beherrscht er das Toben des erstarrten Gipfelmeeres. Mögen die grünen Gletscherspalten ihre Rachen aufreissen, ihn schnappen sie nicht.»
Othmar Gurtner:
Das Haus über den Wolken

Die günstigste Reise war eine Fahrt mit der Jungfraubahn nie. Das Retour- billett Interlaken–Jungfraujoch kostete 1912 in der zweiten Klasse knapp 50 Franken oder umgerechnet auf heutige Kaufkraft 300 Franken. 1995 bezahlte man für ein normales Retourbillett ab Interlaken Ost Fr. 153.20; mit dem Halbtaxabonnement nur die Hälfte. Ebenfalls zu Ermässigungen berechti- gen Jungfraubahnenpass, Swiss Card, Swiss Pass, Regionalpass, Eurail/Euro- Pass. Frühaufsteher benützen das ge- genüber dem Normaltarif um 40 % günstigere Good Morning Ticket.

Der ungünstige Zeitpunkt für eine Fahrt aufs Joch ist bei wirklich schlech- tem Wetter, wenn Nebel den Tiefpunkt zwischen Jungfrau und Mönch dicht einhüllt. Insbesondere bei Föhnlage kommt es häufig vor, dass auf der Klei- nen Scheidegg noch die Sonne scheint, während oben von Süden Wolken- massen gegen die Grate und darüber hinaus drängen. Ein Trost: Ein Topora- ma zeigt die ganze Aussicht, und auch sonst ist einiges zum Ansehen und Erleben da, zum Beispiel die Ausstel- lung über den Bau der Jungfraubahn.

Das traurigste Ereignis in der Geschichte des Jungfraujochs ist der Grossbrand in der Nacht auf den 21. Oktober 1972, der das 1924 erbau- te Berghotel «Haus über den Wolken» mit seinem Jugendstil-Saal, dem eleganten Vestibül, den heimeligen Schlafzimmern sowie auch das 1912 eingeweihte Touristenhaus (es war 12 Jahre lang des höchste Restaurant Europas) vernichtete. Der 1. August 1987 sah die Einweihung des heuti- gen, von Ernst E. Anderegg ent- worfenen Bergrestaurants «Top of Europe», dessen Name nun auch für das ganze Joch wirbt.

Das auffälligste Projekt wurde (zum Glück) nicht verwirklicht. Anstel- le des 1972 abgebrannten Berghauses sollte auf dem Grat oben ein Restau- rant in Form eines gigantischen Bergkristalls errichtet werden. Dieses Vorhaben rief bei Berg- und Natur- freunden einen wahren Entrüstungs- sturm hervor. Gegenprojekte wurden entworfen, so der «Jungfraubusen»: ein Berghotel in Form zweier riesiger Brüste.

Fernsicht bis zum Horizont: seinerzeit von der Holzterrasse des alten Berghauses, seit 1996 vor allem vom zweistöckigen Wintergarten mit umlaufendem Balkon am Sphinxgebäude (Modell unten).

Der neueste Höhepunkt ist die gedeckte Aussichtsterrasse an der Sphinx, die von 1993 bis 1996 gebaut wurde. Die Terrasse bei der alpinen Forschungsstation auf 3571 Metern über Meer konnte an Spitzentagen nur 25% der ankommenden Gäste aufnehmen, weil die Kapazität der Liftanlage zu klein war. Nun führt ein Doppellift 95 Meter hoch in den zweigeschossigen Wintergarten, um den herum ein Steg läuft, der mit der alten (Ost-)Terrasse verbunden ist.

Der schönste Aussichtspunkt ist wahrscheinlich die Sphinx, weil man hier gleichzeitig den Kontrast von Grün und Weiss erleben kann: auf der Schattenseite grasige Voralpen, autofreie Dörfer, entfernte Städte, blaue Seen, auf der Sonnenseite eine starre Welt aus Fels und Firn. Nordwärts geht der Blick zu den französischen Vogesen und zum deutschen Schwarzwald, südwärts zu den Walliser Alpen an der Grenze zu Italien: So überschaubar und klein ist die Schweiz von oben gesehen. Grösser und vor allem natürlicher als die Aussichtsplattformen der Sphinx ist das Plateau oberhalb des Eispalastes: Touristen können mit Schnee und Eis in Kontakt treten, einige von ihnen in Sandalen und Shorts.

Zimmer mit Aussicht:
Im gediegenen Speisesaal
des alten Berghauses genos-
sen Mann und Frau auch
den Blick aufs Gletscherhorn.
1972 brannte das Berghaus
ab, 1987 wurde das neue
Gebäude «Top of Europe»
eingeweiht.

Die wärmsten Kleider nützen nichts,
wenn das Thermometer auf -35 °C fällt
und der Wind mit einer Geschwindig-
keit von 260 km/h über den Grat rast.
Allerdings kann es auch ganz schön
heiss werden: Am 20. Juli 1995 wurden
10,2 Grad gemessen, im Schatten; die
Nullgradgrenze lag auf einer Höhe
von 5000 Metern, also noch weiter
oben als der höchste Gipfel der Alpen,
der Mont-Blanc (4807 m).

Der rutschigste Gang führt durch
den Eispalast, der im Eis des Jungfraufirns angelegt wurde. Holzgeländer
geben den Besuchern die nötige
Sicherheit, wenn sie durch die eisige
Grotte trippeln, in der Figurenkabi-
nette zu bewundern sind.

Der längste Gletscher der Alpen,
und auch der grösste, ist der Aletschgletscher. Er beginnt am Jungfraujoch,
reicht 21 km gegen das Rhonetal
hinab und schmilzt im Treibhausklima
jährlich an Länge und Dicke ab. Der
Aletschgletscher heisst bis zum Konkordiaplatz Jungfraufirn; nach dem
Zusammenfluss mit Ewigschneefeld,
Grüneggfirn und Grossem Aletschfirn
nennt man ihn Grossen Aletschgletscher.

Das gehobenste Restaurant ist das
Crystal. Feine Sachen werden da
serviert, und zum Trinken gibt es zum
Beispiel Féchy oder Dôle mit dem
Namen «Paradis». Die Aussicht auf
den Glacier d'Aletsch ist gratis.
Die andern, teils nur für Gruppen zu-
gänglichen Restaurants nennen
sich Aletsch, Eiger, Mönch und Jungfrau. Ein Selbstbedienungsrestaurant
und eine Picknick-Ecke sind ebenfalls
vorhanden. An der Stehbar wird
das besondere «Jungfrau-Café» aus-
geschenkt; mehr als eines sollte
man sich nicht genehmigen.

Einst auch für die Arbeiter,
heute ein Freizeitvergnügen:
Schlittenhunde der Jungfraubahn. Plakat von Wilhelm
Friedrich Burger, 1914
(nächste Doppelseite).

STATION
JUNGFRAU:
JOCH 3457m

JUNGFR

GRAPHISCHE ANS

W.F.BURGER

Touristische Eiszeit:
Auf dem Jungfraufirn oberhalb des Sphinxstollens,
mit Blick auf die Ostseite
der Jungfrau (oben);
östliche Gottheit in einem
Gang des Eispalastes.

Weltoffen und boden-
ständig: Auf dem Jungfraujoch, über das die Genze
zwischen den Schweizer
Kantonen Bern und Wallis
verläuft, treffen sich die
verschiedensten Kulturen
und Stile.

Der gefährlichste Augenblick ist derjenige, wenn es einem wegen der dünnen Luft schwarz vor Augen wird. Dann kann von irgend jemandem per Knopfdruck Alarm ausgelöst werden, und der Patient wird ins Sanitätszimmer gebracht, wo er mit Sauerstoff beatmet wird; vielleicht genügen auch ein paar Tabletten Coramin. Damit man in der dünnen Luft nicht zusammenbricht, heisst es überall: «Bitte langsam gehen». Auch auf Japanisch.

Die treusten Gäste sind die Japaner. Sie lassen sich auch an einem nasskalten, trüben Novembermittwoch zum Top of Europe hinaufflocken. Weil es im Arrangement inbegriffen ist. Weil das Joch zu einer Europareise in ein paar Tagen gehört. Und weil die Besucher aus Fernost so treue Kunden sind, sprechen viele Bahnbeamte und Angestellte auf dem Joch oben ein paar Brocken Japanisch.

Die meisten Besucher fahren im Sommer zum Jungfraujoch hoch, an Spitzentagen über 7000 Leute. Mit dem neuen Doppellift der Sphinx (Förderkapazität 1200 Personen pro Stunde) hoffen die Jungfraubahnen, dass die Anzahl Besucher erstmals auf eine halbe Million jährlich steigt.

Das sauberste Wasser zum Trinken wird mit der Bahn von der Kleinen Scheidegg heraufgeführt, während geschmolzener Schnee als Brauchwasser dient. Alle Abwässer von Küche und WC-Anlagen werden über eine 25 km lange isolierte und zum Teil geheizte Schmutzwasserleitung zur 2500 m tiefer liegenden Kläranlage in Grindelwald geführt.

Den grössten Gewinn aller Bergbahnen der Schweiz erwirtschaftet alljährlich die Jungfraubahn: 17,1 Millionen Franken im Jahre 1994, 3,3 Millionen mehr als 1993. 1920 hatten sich die Aktien drastische Reduktionen gefallen lassen müssen. Von 1982 bis 1987 schnellten sie von 400 auf 1500 Franken empor.

Das billigste Souvenir ist das Diplom der Jungfraubahn, das den «Ausflug zur höchstgelegenen Eisenbahnstation Europas» bestätigt. Es liegt gratis bei der Poststelle auf. Man darf auch zwei Diplome mitnehmen und eines zu Hause verschenken.

Die geheimste Anlage ist die Telekommunikationsanlage auf 3700 Metern am Nordostgrat der Jungfrau. Unterirdische Gänge soll es da geben.

Sphinx, die Antworten gibt: Seit 1931 – und seit 1937 vor allem im auffälligen Gebäude zuoberst auf dem Sphinxfelsen – beantworten Wissenschafter bei manchmal beissender Kälte astronomische und andere Fragen.

Wichtiger Job in dünner Luft: Forscherinnen und Forscher der Internationalen Hochalpinen Forschungsstation analysieren im Sphinxobservatorium das Spektrum der Sonnenstrahlen und beobachten die Veränderungen in der Atmosphäre. Der im Tal unten erzeugte Dreck ist auch dort oben messbar.

Die höchste Kuppe über dem Jungfraujoch ist der Sphinxfelsen, auf dem seit 1937 das Observatorium der Internationalen Hochalpinen Forschungsstationen Jungfraujoch und Gornergrat steht. Von 1925 bis 1937 stand auf dem Plateau der Meteorologische Pavillon, 1931 war die Forschungsstation auf der Höhe des Berghauses bezogen worden. In der Kuppel des Sphinxobservatoriums ist ein 1-m-Teleskop installiert. Früher konzentrierten sich die Forschungen auf meteorologische, glaziologische und physiologisch-medizinische Fragen, doch heute liegt das Schwergewicht auf Astronomie, Astrophysik und kosmischer Strahlung. Die Luft dort oben ist trocken und rein; kleinste Umweltverschmutzungen

werden deshalb festgestellt. Mit dem Bau der neuen Aussichtsterrasse auf der Sphinx wird auch die Forschungsstation vergrössert.

Die höchste Wetterstation der Welt, die dauernd besetzt ist, befindet sich auf 3600 Metern im Sphinxgebäude. Der Hauswart der Forschungsstation trägt zwischen halb sieben morgens und halb sieben abends alle drei Stunden die Daten zusammen, die nicht automatisch zu erheben sind: Art der Wolken, Höhe des Nebelmeers, Form des Niederschlags, Sichtweite. Wie das Wetter auf dem Jungfraujoch ist, hört man auf Radio DRS 1 nach den Nachrichten um 8 Uhr (Winterzeit) und 9 Uhr sowie auf Tel. Nr. 187 (im Sommer) und 162 (im Winter). Wer das Wetter sehen will, schaltet zwischen 7.15 und 8.45 Uhr alle 30 Minuten das Fernsehen SF DRS ein (Live-Wetterbilder via Cable-TV).

Den schwierigsten Aufstieg fand am 18. Mai 1993 der deutsche Extremkletterer Robert Jasper in den Nordostabbrüchen unterhalb des Jungfraujochs. Er nannte die 500 Meter hohe Route, die er alleine in gewagter Fels- und Eiskletterei machte, «Knockin' On Heaven's Door».

Starke Gefühle anno dazu- **zum Beispiel im Touristen-**
mal: draussen der Sprung- **haus (1912–1923 das**
lauf am Fusse der Jungfrau, **höchstgelegene Restaurant**
eine missglückte Landung **Europas), für Hitzige gar**
auf dem Jungfraufirn, ein **in der sehr eisigen Bier-**
Dankeschön für einen **quelle des Eispalastes.**
treuen Gefährten; und drin-
nen die Gemütlichkeit,

**Leider vorbei: die Sommer-
skirennen auf dem Jung-
fraujoch. Dafür läuft in
dieser Zeit ein Übungslift
beim Sphinxstollen, und
im Frühling starten dort
Hunderte zu Skihochtouren
in der grössten verglet-
scherten Region der
Alpen. Plakat von Emil
Cardinaux, 1919.**

Die schwierigste Abfahrt gelang am
Ostermontag 1939 Denis Fox, Jimmy
Gardner, Ernst Gertsch und Adolf Rubi:
Sie fuhren mit Ski vom Joch nordwärts
über die Kühlauenen- und Guggiglet-
scher zur Wengernalp ab; über die
Eisabbrüche seilten sie sich jeweils ab.

Der beliebteste Ausgangspunkt für
Skihochtouren und 4000er-Besteigun-
gen ist das Jungfraujoch, genauer der
Ausgang des Sphinxstollens (3460 m).
Hier verteilen sich die (Ski-)Alpinisten,
die an schönen Sonntagen im März
und April kaum Platz in den Frühzügen
aufs Joch gefunden haben. Besonders beliebt ist die Abfahrt auf den
Konkordiaplatz und die Überquerung
der Lötschenlücke (3178 m) nach
Blatten: Kolonnen bewegen sich auf
den 25 Kilometern fort.

Die höchstgelegene Unterkunft der
Berner Alpen ist leider nicht mehr
das Berg- und Touristenhaus auf dem
Jungfraujoch, das von 1924 bis 1972
unzähligen Alpinisten und Ausflüglern
zur Übernachtung im Hochgebirge
diente. Seit 1978 steht die private
Mönchsjochhütte (3650 m) oberhalb
des Oberen Mönchsjochs, wohin
man vom Joch in einer knappen
Stunde gelangt.

Die höchstgelegene Poststelle
Europas befindet sich in der Nähe des
Bahnhofs. Einhunderttausendmal
jährlich wird von oben per Ansichts-
karte nach unten gegrüsst; an
Spitzentagen werden bis zu 3500
Stempel auf die Briefmarken gedrückt.
Die Poststelle liegt auf dem Boden
der Gemeinde Fieschertal (über
die Gratverbindung von der Jungfrau
zum Mönch verläuft die Grenze
zwischen den Kantonen Bern und
Wallis, weshalb sie eigentlich zum
Postkreis II Lausanne gehört. Im
Einverständnis mit dem Bundesrat
wurde sie dem Kreis III Bern zugeteilt.

Der höchstgelegene Curlingrink
Europas versteckt sich im Eispalast.
Freilich können Matches nur bei
Buchung eines Spezialprogrammes
für Gruppen ausgetragen werden.

**Die höchstgelegene Hunde-
schlittenbahn** wahrscheinlich der
Welt liegt seit 1913 auf dem Jungfraufirn. Die Polarhunde wurden früher
auch für die Verbindung der Station
und der Werkstätten Eigergletscher zur
Aussenwelt eingesetzt, als es noch
keinen Winterbetrieb auf der Wengern-
alp- und der Jungfraubahn gab.

Gipfeltreffen: Marco Hart-
mann, Direktor von Schweiz
Tourismus, und Adolf Ogi
(rechts), Schweizer Bundesrat, bei der Lancierung
der Aktion «Wintersonne»
auf dem Jungfraujoch.
Wo denn sonst?

Der höchstgelegene Skilift der Berner Alpen läuft im Sommer draussen auf dem Jungfraufirn, beim Ausgang des Sphinxstollens. Es ist ein kurzer Übungslift für diejenigen, die mal auf Ski über den ewigen Schnee gleiten möchten. Die Ausrüstung kann vor Ort gemietet werden.

Die höchsten Skirennen fanden in der Zwischenkriegszeit jeweils im Juli auf dem Jungfraufirn statt. Bei diesen Sommer-Skirennen wurden an den Abhängen der Jungfrau ein Slalom und eine Sprungkonkurrenz sowie ein Abfahrtslauf gegen den Konkordiaplatz durchgeführt, organisiert vom Skiclub Jungfraujoch.

Der höchste Politiker Europas war am Sonntag, 29. Oktober 1995, laut eigener Aussage der Schweizer Bundesrat und Berner Oberländer Adolf Ogi, ehemaliger Skiverbandspräsident und aktiver Bergsteiger. Er weihte auf dem Jungfraufirn bei dichtem Schneetreiben die Aktion «Wintersonne» von Schweiz Tourismus ein, nicht zufälligerweise genau in der Jungfrau-Region, in der vor mehr als 200 Jahren der (Alpen-)Tourismus erfunden wurde.

Der erste Mensch auf dem Jungfraujoch war Hildebrand Burgener: Am 27. August 1828 stand er auf der Einsattelung, als er zusammen mit andern Führern von Grindelwald und dem Gast Caspar Rohrdorf Ausschau nach der Jungfrau hielt, deren dritte Besteigung die Gruppe machen wollte. Kurze Zeit nach Burgener erreichte auch Rohrdorf das Jungfraujoch und lieferte als erster eine Beschreibung vor Ort: «Es war der Grat zwischen der Jungfrau und dem Mönch, gerade nördlich neben dem schönen Schneehügelchen [wahrscheinlich die Mathildenspitze], links neben und unter der Jungfrau, von Bern aus zu sehen, hier sah man ganz deutlich die beyden Silberhörner links neben und unter sich, und in der Tiefe die Wengenalp und den Thunersee.»

Der letzte Zug talwärts fährt von Juni bis September um 18.10 Uhr, im April, Mai und Oktober um 17.10 Uhr, sowie von November bis März um 16 Uhr. Er braucht von der «emsigen City des Hochgebirges» (Jubiläumsschrift zum 75. Geburtstag der Jungfraubahn) 40 Minuten bis auf die Kleine Scheidegg – nonstop.

Traumfrauensuche
zwischen Jungfrau und Busenalp

1813, tief im Chrachen des Lauterbrunnentals, ein Preusse auf der obligaten Schweizer Reise. Der Fremde heisst Wilhelm, ist wohlhabender Junker und Ritterkreuzträger Seiner Majestät. Ausserdem – ein ewiggeiler Schürzenjäger. Er bereist die Schweiz der schönen Frauen wegen, die daselbst genügsam, aber glücklich, abgeschirmt vom Ungemach des Weltenlaufs, erblühen sollen. Und er findet, wen er sucht. Wilhelm begegnet der schönen Mimili, verliebt sich in die Tugendhafte und führt sie in den Hafen der Ehe. Kitsch as kitsch can eines vergessenen Autors? Heinrich Clauren, ein Hobby-Autor aus Preussen, landete mit «Mimili» seinen grössten Bucherfolg. Die Erzählung versprach knisternde Erotik in zugeknöpften Zeiten. Dass die Flamme der Liebe ausgerechnet im Berner Oberland auflodert, ist kein Zufall. Das Oberland zu Beginn des 19. Jahrhunderts ist Europas Liebesterrain par excellence. Es sind vor allem Männer der besseren Gesellschaft – aus England, Frankreich oder Deutschland –, die mit gut gepolstertem Geldbeutel auf die Schweizer Reise gehen, die Berge sehen wollen und dabei mehr oder weniger aufdringlich um die Gunst der einheimischen Frauen balzen. Es muss den reisenden Gockeln zu jenen Zeiten wie heutigen Dritt-Welt-Sextouristen ergangen sein: Sie hatten Geld, kamen in ein nichtindustrialisiertes, vergleichsweise armes Land und fanden eine unverdorbene Gastfreundschaft vor, die Männerphantasien erst recht beflügelte. Vor allem der Kiltgang – ein jahrhundertealter Oberländer Brauch, wonach das Bauernmädchen seinen Liebsten ohne Aufsicht der Eltern in der Schlafkammer empfängt – liess Napoleons Zeitgenossen fast die Fassung verlieren. Doch damit ist das Phänomen der Oberland-Begeisterung erst zum Teil erfasst. Natürlich hatte die amouröse Schweizer Reise einen schöngeistigen Unterbau. Drei Schweizer hatten diesbezüglich vorgespurt: Albrecht von Haller mit seinem Lehrgedicht «Die Alpen» – auch bei ihm knistert schon die alpine Erotik –, Salomon Gessner mit seinen «Idyllen» und Jean-Jacques Rousseau mit seiner «Nouvelle Héloïse». Alle drei und noch andere mehr initiierten früh eine spezielle Form des Literatur-Tourismus, die über Jahrzehnte nachwirkte. Mit den Jahren entstanden festgelegte Reiserouten, die für Schweizer Reisende zum absoluten Must gehörten. Beispielsweise: die schon wallfahrtähnliche Tour von Interlaken ins Lauterbrunnental zum Staubbachfall. Albrecht von Haller hat ihn als erster besungen, und ein ganzer Chor von mehr oder minder

Mimili

«Wie heißt du, süßes Mädchen?» fragte ich und umschlang
das samtene Miederchen mit meiner Rechten
und legte ihre kleine, zarte Hand auf mein Herz, in dem das Blut sich drängte,
wie das wilde Wasser der Gletscher in den Sturzbächen.

Mimili's Bildnis. Nach der Natur gemalt von Wocher, gestochen von Bolt.
Titelkupfer der Ausgabe von 1819

talentierten Reiseschriftstellern blies später ins selbe Horn. Heinrich von Clauren gehörte auch dazu.

«Aus dem Lauterbrunner Tale heraus auf eine herrliche Alpe»

Heinrich Clauren (1771–1854) kannte, worüber er phantasierte. Ein Jahr bevor ihm «Mimili» aus der Feder floss, begab er sich selbst auf den Oberländer Parcours. Er war damals schon Hofrat, Offizier und Redaktor der im preussischen Hauptquartier erscheinenden Feldzeitung und eben – Hobby-Schriftsteller, der unter dem Pseudonym Heinrich Clauren nette Geschichten schrieb und ab 1818 alljährlich sein äusserst populäres Taschenbuch «Vergissmeinnicht» veröffentlichte. Carl Gottlieb Samuel Heun, wie Clauren mit bürgerlichem Namen hiess, war zu Lebzeiten ein Begriff. Er stand direkt neben den Erfolgsautoren Iffland und Kotzebue. Und steht da im Grunde auch heute noch: Gelesen werden alle drei nicht mehr. Immerhin: «Mimili» ist greifbar. Die Erzählung erschien 1984 bei Reclam als Neuauflage. Claurens Held Wilhelm, preussischer Offizier wie sein Schöpfer, beginnt seine Oberland-Reise in Unterseen bei Interlaken. Über den Anmarschweg zur schönen

Mimili lässt Clauren seine Leser erstaunlich wenig im unklaren. Im Stile der zeitgenössischen Reiseführer geht die Reise «zuerst nach Matten, unfern der Ruinen von Unspunnen und Wilderswyl vorbei; dann links dem tosenden Waldstrom immer weiter entlang» nach Zweilütschinen und Lauterbrunnen.
Als Wegmarken zählt uns Clauren en passant die Wildbäche auf, die im Lauterbrunnental so mächtig talwärts stürzen. Zuerst Hallers und Goethes Staubbach, dann den «Spis-, Buchen-, Ägerten- und Myrrenbach auf der einen, und den Schiltwald-, Trimlete-, Rosen-, Maden- und Stuffibach auf der andern Seite des Tales». Wenn wir richtig gezählt haben, steht Wilhelm – bevor es «aus dem Lauterbrunner Tale heraus auf eine herrliche Alpe geht» – da, wo uns das Postauto als Wanderer auf die Fährte setzt: in Stechelberg, zuhinterst im Lauterbrunnental, am Fusse der Jungfrau.

Ziegenkäse und Ozonwerte

Wilhelm will die Jungfrau aus der Nähe sehen – Clauren spielt den Trumpf der Zweideutigkeit bei jeder unpassenden Gelegenheit aus – und steigt daher mit seinem Führer bergwärts. Wohin die Reise geht, sagt

Interlaken — Die Jungfrau

Ich küßte den Pfirsich-Sammet ihrer Wangen,
die Purpurwürze ihrer Lippen, das Lilienweiß ihres schönen Halses.
Sie hielt mich schweigend mit beiden Armen umschlungen,
und das süßeste Verlangen der keuschesten Liebe funkelte
in der veilchenblauen Tiefe ihres schmachtenden Blickes.

Postkarte von etwa 1900

127

Clauren nicht. Nur soviel wird verraten: Es geht steil aufwärts, und oben dann, zur Belohnung, gibt's die Sennhütte mit dem Panoramablick auf die Jungfrau und die anschliessenden Dreitausender. Unser Weg zur Busenalp kommt den Wünschen des Autors bemerkenswert entgegen. Zuerst geht es steil hinauf ins Tal der Sefinen Lütschine, anschliessend noch steiler quer durch den Busenwald auf die Busenalp. Wilhelm, der ostelbische Flachländer, schafft den Aufstieg erstaunlich geräuschlos. Wir hingegen haben schon mehr Mühe. Bis zur Busenalp, von der man so wunderbar ins Lauterbrunnental hinunterblickt, sind wir schweissnass. Ob Zufall oder Fügung, genau in dieser Verfassung treffen wir auf einen Wegweiser, der alpenländisches Manna verspricht: Milch und Ziegenkäse, steht da handgeschrieben, 15 Minuten, Busenalphütte – keine Frage: nichts wie hin. «Endlich war die Sennhütte erreicht», heisst es auch bei Clauren. «Sie hatte eine so himmlische Lage, und der Senner war ein so freundlicher Mensch, daß ich mich gleich entschloß, hier zu übernachten und den Führer nach Unterseen zurückzuschicken. (...) Der Senner war arm, wie seinesgleichen. Er bot mir frisches Heu zum Lager und

Milch und Käse zum Abendbrot an.» Tatsächlich, Francis Schön, der Senn und Skilehrer, ist ein freundlicher Wirt. Auf einem Holztisch serviert er uns im Sommer 1989 Milch im Chacheli und frischen Ziegenkäse aus eigener Produktion. Sechs Ziegen hat er, die er melken kann, und 69 Rinder, auf die er aufpassen muss. Der Haflinger, der übers Gatter schaut, buckelt ihm einmal wöchentlich Proviant und Gerätschaft auf die Alp. Und der Barry, der ausgestreckt die Bauchseite sonnt, leistet Gesellschaft. Regelmässig ist auch Judy da, die Freundin des strohblonden Sennen. Sie ist Engländerin und lebt seit einigen Jahren mit Francis in Mürren. Die Geschichte von Wilhelm und Mimili interessiert die beiden. Neugierig notieren sie sich die Bestellnummer des Taschenbuchs. Aus dem Radio tönt das Mittagsjournal. Das Lufthygieneamt beider Basel, heisst es, habe Verhaltensempfehlungen an die Bevölkerung abgegeben. Die Ozonwerte seien bis zu 224 Mikrogramm pro Kubikmeter Luft angewachsen. Und ich sitze da, im Rücken die blühenden Alpenrosen, rechterhand die vergletscherte Jungfrau und unter mir das Lauterbrunnental, und denke: Was geht mich das an? Mich, hier oben auf der Alp, wo die Welt so

Wir tranken aus einem Glase und küßten uns bei jedem Zuge.
«Ich schiebe auch heute den Riegel nicht vor»,
flüsterte mir Mimili, halb verschämt, in das Ohr.

Postkarte von etwa 1900

heil scheint und es sich so gut auf die Schmutzfinken im Flachland hinunterschauen lässt.

Idyllen – faustdick aufgetragen

«Ich lag auf blumigem Rasen, und drüben die eisigen Gletscher. (...) Rund um mich herum war alles so still, als habe hier der ewige Friede seine Altäre gebaut.» Während sich Wilhelm gottergeben neben der Hütte in der Landschaft räkelt, führt Clauren die Älplerin in die Geschichte ein. Mimili tritt mit entschlossenem Liebreiz an Wilhelm heran und raubt dem preussischen Gefühlsritter erstmals die Nervenruhe, was kein Wunder ist bei ihrer Ausstattung. Mimili wird von Clauren nicht als Charakter gezeichnet, sondern als Konstrukt vorweggenommener Leserwünsche und blühender Männerphantasien. Zu ihr gehört zweierlei; Körper und Köpfchen. Aussen drall und innen bürgerliche Sittsamkeit. «Vom Hinterkopfe hingen dem Mädchen zwei geflochtene, brandschwarze, handbreite Zöpfe bis in die Kniekehle hinab. (...) Die veilchenblauen Augen funkelten klar und lebendig, wie ein paar Morgensterne, und am Busen wogten die köstlichsten Wiesenblumen, in ihrer Mitte ein kleiner Strauß würziger Erdbeeren. (...) Im ganzen Wesen der himmlischen Erscheinung die frische Kräftigkeit der unverdorbensten Alpenbewohnerin, und doch der Anstand, die Haltung der gebildeten Städterin!» Auch das Schlafgemach der Schönen, ein Separée in der Sennhütte, verrät die Spuren aristokratisch angehauchter Bürgerlichkeit. In Mimilis Alpkabinett hängen neben Hausgeräten Prachtgemälde «von unschätzbarem Wert». Clauren spricht von Sennhütte, beschreibt aber den Salon einer Frau Rittmeister. Zu dieser Art der platten Milieubeschreibung passt die Statistenrolle der Natur. Clauren entrollt die Bergpanoramen wie gemalte Leinwandlandschaften. Sie stimulieren und spiegeln das Gefühlsleben der beiden Turtelnden, der keuschen Mimili und des scharrenden Wilhelm. So sitzen die beiden gerne auf einer Bank unter einer Buche (auf dieser Höhe!) und lassen sich von den Naturschauspielen berauschen. ««Das ist ein himmlischer Abend», flüsterte sie leise, und die sanfte Glut im Abend, und die himmelreine Höhe der Jungfrau, spiegelten sich in ihren dunkelblauen Augen, und die schwanenweiße Brust drängte sich wogend aus dem samtenen Mieder! Da gewältigte mich ihr namenloser Liebreiz, ich umschlang

Ich ging im Zimmer auf und ab, ich hörte noch in meinem Innern
die sanften Töne ihres Spiels, ich fühlte noch ihre Arme auf meinen Achseln,
ihre würzigen Lippen auf meinem Munde,
die Fülle ihres wogenden Busens auf meiner überseligen Brust.

Postkarte von etwa 1900

131

das schöne Mädchen und drückte ihr, berauscht von dem Entzücken der Abendfeier, den ersten Kuß auf die süßen Lippen. Sie aber sank schweigend an meine Brust und lispelte leise: ‹So haben die Alpen noch nie mir geglüht!›»

Die Alpen als Projektionsfläche für Sehnsüchte

Francis zeigt mir die Sennhütte. Es gibt nur den einen Raum, in dem gekäst und auch gewohnt wird. Eine einfache Kochstelle in der Ecke, ein Fliegengitterkasten für die frischen Ziegenkäslein, ein Tisch, zwei Bänke, ein Bücherregal und ein Radio. Francis hat in den Sommern, die er bisher auf der Alp verbrachte, viel an der Hütte ausgebessert. Er zog eine Holzdecke ein und mauerte die Kochstelle neu. Ein Leben ohne Luxus, wie er sagt, aber doch mit kleinen Annehmlichkeiten. Bei Clauren ist vom Älplerleben nichts zu vernehmen.
Mimili und Wilhelm speisen bei seinem zukünftigen Schwiegerpapa wie der Herrgott in Frankreich. Teure Weinflaschen werden geköpft, Mimili spielt im Salon Klavier, und Wilhelm erzählt als preussischer Patriot von seinen Heldentaten auf dem Ehrenfeld der Nation. Denn auch das gehört zum Alpenkitsch des Heinrich Clauren: der verklärte Patriotismus des preussischen Offiziers. Militärische und emotionale Eroberung gehen bei Clauren Hand in Hand. So wie Wilhelm den Franzmännern zu Leibe rückt, erobert er auch die jungfräuliche Älplerin. Allerdings: nicht im Sturm, sondern erst nach langer Belagerung. Wiederum ist es Mimilis Panzer der alpinen Sittlichkeit, der den Krieger daran hindert, auf die Schnelle zur Schönen vorzudringen: «Mein Schwert hing still und schweigend da, als wollt' es nicht aus seiner Scheide, und ich mußte schon endlich mein einsames Lager suchen.» Vielleicht lag darin der Schlüssel zum Erfolg dieser Geschichte: Clauren, der abgefeimte Verbalerotiker, spielte mit der Spannung, die Leser empfinden mussten, wenn sie sich Mimili als einladende Traumfrau vorstellten und gleichzeitig das Sittenkorsett ihres wirklichen Zeitalters fühlten. Für die Mehrzahl der Leser war Claurens «Mimili» die einzige Gelegenheit, eine Schweizer Reise antreten zu können. Wenn auch nur mit dem Herzen.

PS: Die Busenalphütte ist seit 1993 verwaist. Provisorisch wird die Alp seither vom Tal aus betreut. Ein Nachfolger für Francis Schön konnte nicht gefunden werden.

Wer in der Schweiz war, wird die theatralische Tracht der
Alpenmädchen kennen. Bei meinem ersten Eintritt
in den Kanton Bern dachte ich anfangs immer, (...) ich habe
das Schäferland meiner Jugendträume gefunden.

Anonym: Souvenir-Blatt, etwa 1830, Jungfrau mit Staubbach

Trips und Tips

Besteigung der Jungfrau

Die Jungfrau (4158,2 m) ist trotz der leichten Erreichbarkeit eine ernste Hochtour. Wer meint, man könne sie so im Vorbeigehen mitnehmen, zum Beispiel weil die teure Fahrkarte aufs Jungfraujoch amortisiert werden müsse, steht neben den Bergschuhen. Gerade die Jungfrau zählt zu den unfallträchtigsten Bergen der Alpen. Mit der Zahnradbahn ins Jungfraujoch (3454 m) sind seit 1912 die früheren Anmarschmühen zwar elegant gelöst. Gleichzeitig gibt es jedoch neue Schwierigkeiten: Mit einem Schritt ist man mitten im Hochgebirge, ohne eine gewisse Akklimatisation beim Hinaufsteigen zur Hütte mitzumachen. Der Körper gewöhnt sich nur langsam an die Höhe, weshalb es besser ist, in der Mönchsjochhütte (3650 m) zu übernachten, als gleich schon am ersten Tag vom Tiefland aus den Mönch oder die Jungfrau besteigen zu wollen. Manchmal ist es noch besser, auf der Kleinen Scheidegg (2061 m) oder gar noch weiter unten, in Wengen (1275 m) oder in Grindelwald (1034 m), zu nächtigen, und die Jungfrau als Tagestour zu versuchen.

Dafür sollte man allerdings fit sein und den Panoramaweg vom Männlichen zur Kleinen Scheidegg ohne Verschnaufpause schaffen... Zur Kondition gehört übrigens auch, dass man sich richtig ernährt und vor allem für genügend Flüssigkeitszufuhr sorgt; das einheimische Rugenbräu ist hierfür freilich nur bedingt geeignet. Wem sich zudem auf dem Jungfraujoch, beim Marsch durch den Sphinxstollen auf den Gletscher, die ersten Rätsel über die richtige Route auftun, der sollte mit dem Rückzug nicht zögern.

Die Shorts dürfen ruhig eingepackt werden, beim hochsommerlichen Bummel durch Grindelwalds boutiquengesäumte Hauptstrasse kann's ganz schön heiss werden. 3000 Meter weiter oben ist man zwar näher der Sonne, aber wärmer wird

es nur selten. Also: Die richtige hochalpine Ausrüstung mitnehmen. Und: Es ist keine schlechte Idee, mit einem Bergführer die Jungfrau zu besteigen.

Technisch ist die Jungfrau kaum schwieriger als der Nachbarsgipfel Mönch (4099 m), dafür merklich länger, denn zuerst muss von der Mönchsjochhütte oder vom Ausgang des Sphinxstollens über den Jungfraufirn bis etwa 3350 m (unterhalb Punkt 3411,1 m) abgestiegen werden. Schuttkraxlerei, Felskletterei und Firnstampferei führen zum Rottalsattel, dessen Zugang durch einen offenen Bergschrund in Frage gestellt werden kann. Danach beginnt der gefährliche Abschnitt: die ansteigende Querung zu einem Felsvorsprung, 1000 Höhenmeter über dem Rottal. Hier ereign(et)en sich viele tödliche Abstürze; Sicherungsstangen mit Ösen für Karabiner haben die Gefahr entschärft, aber nicht gebannt. Man folgt genau den Stangen und hängt das Seil ein; wer allerdings schon vor der ersten Stange stolpert, ist vielleicht froh um die vorher eingedrehte Eisschraube. Auf keinen Fall direkt vom Rottalsattel über den steilen Schneegrat auf- oder gar absteigen wollen. Zuletzt ohne Stangen über manchmal verschneite Gipfelfelsen zum höchsten Punkt. Schwierigkeit: mässig schwierig, obere Grenze. Aufstiegszeit: 4–5 Stunden von der Mönchsjochhütte, eine knappe Stunde weniger vom Joch. Und nicht vergessen, dass man nach dem Abstieg von der Jungfrau auf den gleichnamigen Firn in der Nachmittagshitze im weichen Schnee über Spalten zum Joch wiederaufsteigt, beobachtet von einigen hundert Touristen – ein echtes Erlebnis.

Information

Das Bergsteigerzentrum Grindelwald führt täglich von Juni bis Oktober eine Tour mit einem Bergführer über die Normalroute auf die Jungfrau durch. Für zwei Personen kostet die Besteigung Fr. 450 pro Person, für eine Person Fr. 750 (Tarife 1996). Auskunft, Prospekt und Buchung beim Bergsteigerzentrum Grindelwald, Tel. 033 853 52 00, Fax 033 853 12 22. Für die Jungfrau vom Rottal wende man sich an den Bergführerverein Lauterbrunnen, Tel. 033 855 50 69.

Anreise

Das Berner Oberland liegt einerseits an der Bahnlinie Deutschland–Italien; anderseits ist aber Interlaken auch Zielbahnhof internationaler Reisezüge. Bequemer und schneller als mit der Bahn gehen An- und Rückreise also nicht. Seit Ende Mai 1995 verkehrt der ICE «Thunersee» zwischen Berlin, Frankfurt und Interlaken (Berlin Zoologischer Garten ab 6.51, Interlaken Ost an 17.19), also gerade rechtzeitig für einen Spaziergang in der Oberländer Metropole vor dem Abendessen. Der Eurocity «Matterhorn» Wiesbaden–Brig erreicht Spiez nach dem Mittagessen im Speisewagen; von dort sind es nur 20 Minuten bis Interlaken. Der europäische Schnellzug Amsterdam–Interlaken heisst werbeträchtig «Berner Oberland».

Daran denken: Nicht in der Schweiz Wohnhafte sollten mit Swiss-Pass oder Swiss-Card anreisen – die Niederlassungen der Schweizerischen Verkehrszentrale in Deutschland und Österreich wissen mehr:

D-60311 Frankfurt/M, Kaiserstr. 23, Tel. 069 256 00 10

D-20095 Hamburg, Speersort 8/IV, Tel. 040 32 14 69

D-80802 München, Leopoldstr. 33, Tel. 089 33 30 18

D-10117 Berlin, Unter den Linden 24/ Friedrichstr. 155–156, Tel. 030 201 20 50

A-1010 Wien, Kärntner Str. 20, Tel. 01 512 74 05.

Von Interlaken-Ost mit der Schmalspurbahn nach Grindelwald oder Lauterbrunnen. Mit der Zahnradbahn über die Kleine Scheidegg (umsteigen) aufs Jungfraujoch (3454 m), den Top of Europe mitten im Berner Oberland. Auskunft über Fahrpläne, Spartarife, Familienvergünstigungen, erste Morgen- und letzte Abendzüge: Tel. 033 822 27 92. Mehr dazu auch im Kapitel über das Jungfraujoch.

Empfehlenswert: Regionalpass Berner Oberland für 15 Tage, mit 5 Tagen freier Fahrt auf fast allen (Berg-)Bahnen und mit 10 Tagen 50 Prozent Ermässigung.

Unterkunft

Hotels, Gasthäuser:

Interlaken: Grand Hotel Victoria-Jungfrau
Tel. 033 827 11 11, Fax 033 827 37 37

Weniger berühmt und weniger teuer:
Balmer's Herberge Tel. 033 822 19 61

Kleine Scheidegg:
Bahnhofbuffet Röstizzeria
Tel. 033 855 11 51; mit Massenlager

Restaurant Grindelwaldblick
Tel. 033 855 13 74

Scheidegg-Hotels Tel. 033 855 12 12

Wengernalp:
Hotel Jungfrau Tel. 033 855 16 22

Alpiglen:
Hotel des Alpes Tel. 033 853 11 30

Hütten:

Mönchsjochhütte (3650 m), Privathütte, 120 Plätze, immer offen, im Sommer und Herbst durchgehend bewirtschaftet, Tel. 033 971 34 72. Von der Jungfraujoch-Bahnstation (3454 m) durch den Sphinxstollen auf den Jungfraufirn und nordostwärts in einer knappen Stunde leicht ansteigend in einer meist breiten Spur zur Hütte, die oberhalb des Oberen Mönchsjochs liegt.
Guggihütte (2791 m), Schweizer Alpen-Club, 30 Plätze, immer offen, in der Hochsaison am Wochenende teilweise bewirtschaftet, Tel. 033 855 31 57. Von der Station Eigergletscher (2320 m) in 3 Std. auf einem markierten, von Felsstufen durchsetzten Bergweg.
Rottalhütte (2755 m), Schweizer Alpen-Club, 45 Plätze, immer offen, in der Hochsaison am Wochenende bewirtschaftet, Tel. 033 855 24 45. Von Stechelberg (910 m), Endstation der Postautolinie von Lauterbrunnen, in 5 Std. über einen markierten, steilen und teilweise mit Drahtseilen gesicherten Bergweg.
Silberhornhütte (2663 m), Schweizer Alpen-Club, 12 Plätze, immer offen, unbewartet, kein Telefon. Von Stechelberg (siehe oben) in 6 Std. über einen steilen und abschüssigen Pfad; schwierig, bei Nässe heikel; im unteren Teil gemeinsam mit dem Rottalhüttenweg.

Jungfrau und Wengen by night (oben). Grand Hotel Victoria-Jungfrau in Interlaken. 137

Veranstaltungen

Unspunnen

Am 17. August 1805 fand auf der Wiese bei der Burgruine Unspunnen südlich von Interlaken ein gross aufgezogenes Hirtenfest statt, das drei Jahre später wiederholt wurde. Neben den sportlichen (Schwingen, Steinstossen) und kulturellen (Singen, Alphornblasen) Wettkämpfen verfolgten die Feste noch politische, gesellschaftliche und wirtschaftliche Zwecke. Brot und Spiele für die während der politischen Wirren der damaligen Jahrhundertwende gebeutelten Bergbauern und Berner Oberländer, aber auch für die Schweizer ganz allgemein. Die Hirtenkultur sollte aufgewertet, den Städtern das einfache Leben der Bergbewohner vorgeführt werden. Zudem versprachen die Folkloreveranstaltungen am Fusse der Jungfrau touristische Zuwachsraten. Die weiteren Unspunnenfeste: 1905, 1946, 1955, 1968, 1981, 1993. Wann das nächste Schweizerische Trachten- und Alphirtenfest abgehalten wird, ist ungewiss, spätestens wahrscheinlich im Jahre 2005, zum 200-Jahr-Jubiläum.

Lauberhorn-Rennen

Jeweils im Januar finden die Internationalen Lauberhorn-Skirennen der Männer im Rahmen des Weltcups statt, bestehend aus der Abfahrt vom Lauberhorn ins Dorf Wengen, aus dem Slalom und der Kombination. Die Lauberhorn-Abfahrt ist, wenn sie auf der vollen Länge (4,25 km) ausgetragen werden kann, die längste im alpinen Skizirkus; sie hat bei den Rennläufern und beim Publikum den gleich hohen Stellenwert wie die Streif in Kitzbühel. Am 2. Februar 1930 ging the First Lauberhorn Cup über die Bühne.

Jungfrau-Marathon

Anfang September findet seit 1993 jeweils der Jungfrau-Marathon von Interlaken auf die Kleine Scheidegg statt; Distanz 42,195 km, Höhendifferenz 1815 m.

Sonstige Veranstaltungen

Kleinere sportliche und folkloristische Anlässe, wie zum Beispiel das Bergrennen auf den Männlichen (zu Fuss und mit dem Mountainbike), werden alljährlich durchgeführt; die Verkehrsbüros kennen die genauen Daten. Und nicht vergessen: Die Tellspiele von Interlaken, die erstmals am

19. Mai 1912 über die Naturbühne gingen – Wilhelm Tell und die Jungfrau, welch ein ureidgenössisches Paar!

Sehenswürdigkeiten

Touristik-Museum der Jungfrau-Region an der Oberen Gasse 26 in Unterseen/Interlaken. Geöffnet vom 1. Mai bis Mitte Oktober, dienstags bis sonntags 14–17 Uhr. Führungen von Gruppen auch ausserhalb der Öffnungszeiten nach telefonischer Anmeldung, Telefon 033 822 98 39 oder 033 826 64 64.

Heimat-Museum der Talschaft Lauterbrunnen in Lauterbrunnen: Vom Wohnen und von der Tätigkeit der Vorfahren, Spitzen-Klöppelei, Eisenerz- und Bleiglanzgewinnung, Alpinismus, Tourismus, Skisport; offen 15. Juni bis 30. September, Di, Do, Sa, So 14–17.30 Uhr.

Autofreie Kurorte Wengen und Mürren: Ruhe und frische Luft, so ganz anders als Grindelwald...

Wasserfälle: Staubbachfall, mit 287 m freier Fallhöhe der höchste Wasserfall der Schweiz. Trümmelbachfälle, die einzigen Gletscherwasserfälle Europas im Berginnern, täglich geöffnet 8/9 bis 17/18 Uhr von April bis November.

Drehrestaurant auf dem Schilthorn (2970 m), dem höchsten Gipfel der Berner Voralpen: Seilbahn von Stechelberg über Gimmelwald und Mürren. Seit dem Bond-Film «Im Geheimdienst Ihrer Majestät» heisst das Schilthorn Piz Gloria.

Bergbau in Trachsellauenen: Hochöfen und Knappenhaus wurden restauriert.

Naturschutzgebiet Hinteres Lauterbrunnental: Bei den Verkehrsvereinen ist ein kleiner naturkundlicher Führer zur «Timberland»-Bergwanderung erhältlich.

Sport

Sport wird auf dem «Spielplatz Europas» (Titel von Leslie Stephens Klassiker) grossgeschrieben – Verkehrsvereine und private Anbieter lassen keine Langeweile aufkommen. In alphabetischer Reihenfolge: Alpinismus, Badminton, Ballonfahren, Bungy Jumping, Canyoning, Curling, Deltafliegen, Eisklettern, Eislaufen, Fischen, Gleitschirmfliegen (zum Beispiel ein Passagierflug), Golf, Hochtouren, Hydrospeed, Klettern, Laufen (Jungfrau-Marathon!), Langlaufen, Mountainbiking, Reiten, Riverrafting, Rudern, Schlitteln,

Männersache: Schwingen am Unspunnenfest (oben), Start zur Lauberhorn-Abfahrt (links); Marco Kaminski, zweifacher Sieger des Jungfrau-Marathons (rechts).

Schwimmen, Seekajak, Segeln, Skifahren (auf Schnee und auf Wasser), Snowboarden, Tauchen, Tennis, Windsurfen – und Wandern natürlich (500 km Wanderwege in der ganzen Jungfrau-Region, die teilweise auch im Winter offen sind; genug also für ein paar Wochen Ferien am Fuss von Eiger, Mönch & Co.).
Mehr Tips im Informationsprospekt Interlaken-Jungfrau. Mehr Trips bei:

Adventure World in Interlaken,
Tel. 033 826 77 11, Fax 033 826 77 15

Paragliding Interlaken, Tel. 033 823 47 46,
Fax 033 823 47 26

Spielwiesen: Am Fusse der Jungfrau kommen grosse und kleine Skifahrer und Wanderer in Fahrt.

Wichtiger Hinweis: Die aufgeführten Telefon- und Faxnummern gelten ab 9. November 1996.

Skifahren

In der Jungfrau-Region gibt es 47 Bergbahnen und Skilifte für über 200 Pistenkilometer. Schneeberichte:

Grindelwald/First Tel. 033 853 56 50;

Wengen/Kleine Scheidegg/Männlichen
Tel. 033 855 44 33;

Mürren/Schilthorn Tel. 033 855 26 55.

Wandern

Wie wär's mit folgender Wanderwoche im Banne der Jungfrau? Sieben Tage, sieben Gipfel (wenn man das Tanzbödeli als solchen bezeichnet), drei Nächte in den drei Tourismusdörfern Mürren, Wengen und Grindelwald, drei Nächte in aussichtsreichen Hütten und Berghotels, und immer im Brennpunkt, aber unter verschiedenen Blickwinkeln: die Jungfrau, der höchste und leuchtendste Gipfel im Oberländer Dreigestirn. Kurz: eine unvergessliche Wanderwoche im Jungfrau-Gebiet.
Die Etappen: 1. Saxeten–Bällehöchst–Suls–Lobhornhütte; 2. Lobhornhütte–Soustal–Bietenhorn–Mürren; 3. Mürren–Gimmelwald–Busenalp–Tanzbödeli–Obersteinberg; 4. Obersteinberg–Stechelberg–Trümmelbachfälle–Wengen; 5. Männlichen–Kleine Scheidegg–Grindelwald; 6. Grindelwald–Reeti–Faulhorn; 7. Faulhorn–Schynige Platte–Geiss–Wilderswil. Mehr dazu im Wanderführer «Berner Oberland Ost».

Information

Jungfraubahnen, Harderstr. 14,
CH-3800 Interlaken, Tel. 033 826 42 34,
Fax 033 826 42 64
Bahnhof Interlaken Ost,
Tel. 033 822 27 92

Berner Oberland Tourismus, Jungfraustrasse 38, CH-3800 Interlaken,
Tel. 033 823 03 03, Fax 033 823 03 30

Verkehrsbüros

CH-3818 Grindelwald,
Tel. 033 853 12 12, Fax 033 853 30 88

CH-3822 Lauterbrunnen,
Tel. 033 855 19 55, Fax 033 855 36 04

CH-3825 Mürren,
Tel. 033 855 16 16, Fax 033 855 37 69

CH-3823 Wengen,
Tel. 033 855 14 14, Fax 033 855 30 60

Karten

Landeskarte der Schweiz, 1:50 000, Blätter 254 Interlaken, 264 Jungfrau; auch mit dem Zusatz «T» als Wanderkarten und mit «S» als Skiroutenkarten erhältlich. 1:25 000, Blätter 1229 Grindelwald, 1248 Mürren, 1249 Finsteraarhorn. Wanderkarte Lauterbrunnen–Mürren–Wengen, 1:40 000, Kur- und Verkehrsverein.

Führer

Alpinismus
Hochgebirgsführer durch die Berner Alpen, Band 4. Schweizer Alpen-Club, Bern 1989; 1997 erscheint eine Neuauflage.
Werner Munter: Berner Alpen. Rother, München 1995.
Hans Grossen: Berner Oberland – Die 100 schönsten Touren. Carta/Bruckmann, München 1989.
Richard Goedeke: 4000er – Die Normalwege. Berg/Bruckmann, München 1990.
Jürg von Känel: Schweiz extrem – Kalk. Edition Filidor, Reichenbach 1994.
Les Swindin: Bernese Oberland Selected Climbs. Alpine Club Guide Books, London 1993.

Wandern
Daniel Anker: Berner Oberland Ost, Rother Wanderführer. München 1995.
Wanderbuch Jungfrau-Region. Kümmerly + Frey, Bern 1988.
Rose Marie und Gerhard Bleyer: Die schönsten Höhenwege im Berner Oberland. Bruckmann, München 1994.
Hiking Guide Jungfrau-Region. Kümmerly + Frey, Bern 1990.

Skitouren
Daniel Anker, François Labande, Ralph Schnegg: Alpine Skitouren Band 4, Waadt–Freiburg–Berner Alpen. Schweizer Alpen-Club, Bern 1994.
Daniel Anker, François Labande: Skitouren Schweiz, Band 1, Berner Oberland–Wallis. Steiger Verlag, Augsburg 1996, 2. Auflage.
Daniel Anker, Hans Grossen: L'Oberland bernois à skis. Les 100 plus belles descentes et randonnées. Denoël, Paris 1990.
Reinhard Klappert: Westalpen Skitourenführer. Berg/Bruckmann, München 1991.

Literaturverzeichnis

Allgemein
Berge: Nr. 5, Das Dreigestirn der Alpen. Eiger, Mönch und Jungfrau. März 1984.
Rudolf Gallati/Christoph Wyss: Unspunnen – die Geschichte der Alphirtenfeste. Touristik-Museum, Interlaken 1993.
Marcus Gyger (Fotos), Polo Hofer (Text): Berner Oberland. Fischer, Münsingen 1994.
Markus Krebser: Interlaken – Eine Reise in die Vergangenheit. Krebser, Thun 1990.
Ralf Roman Rossberg: Die Jungfrau-Region. Bahnen, Landschaft, Geschichte. Hallwag, Bern 1983: 2. vollständig überarbeitete und aktualisierte Ausgabe 1992.
Rudolf Rubi: Im Tal von Grindelwald – Band 2: Vom Bergbauerndorf zum Fremdenort; Band 3: Der Sommer- und Winterkurort. Verlag Sutter, Grindelwald 1986 und 1987.
Turicum – Schweizer Kultur und Wirtschaft, Stäfa: Heft Febr./März 1993, Region Jungfrau.
Ernst Zbären: Berner Oberland. Ott, Thun 1987.

Alpinismus
Hochgebirgsführer durch die Berner Alpen, Band 4. Schweizer Alpen-Club, Bern; Ausgaben 1931, 1989 und 1997.
Edouard Desor: Agassiz geologische Alpenreisen. Literarische Anstalt, Frankfurt/M 1844, S. 354–388.
Charles Gos: Berge im Zorn. Hallwag, Bern 1953 (Original: Tragédies alpestres, Lausanne 1940).
Franz Josef Hugi: Naturhistorische Alpenreise, Solothurn und Leipzig 1830. Nachdruck 1995 beim Rothus-Verlag, Solothurn.
Arnold Lunn: The Bernese Oberland. The Alpine Ski Guides, vol.II, Uxbridge 1920.
Johann Rudolf und Hieronymus Meyer: Reise auf den Jungfrau-Gletscher und Ersteigung seines Gipfels, Aarau 1811; Separatdruck aus den «Miszellen für die Neueste Weltkunde» Nrn. 68 und 69, 24. und 28. August 1811.
Hans A. Michel: Die Jungfrau. Berner Heimatbuch 25. Haupt, Bern 1945.
Eugène Rambert: Aus den Schweizer Bergen, a. a. O.
Caspar Rohrdorf: Reise über die Grindelwald-Viescher-Gletscher auf den Jungfrau-Gletscher und Ersteigung des Gletschers des Jungfrau-Berges. Haller, Bern 1828.

Leslie Stephen: Der Spielplatz Europas. Amstutz, Herdeg & Co., Zürich und Leipzig 1942 (Original: The Playground of Europe, London 1871; deutsch erstmals 1936).
Gottlieb Studer: Über Eis und Schnee. Die höchsten Gipfel der Schweiz und die Geschichte ihrer Besteigung, 2. Auflage, Band 1, Schmid, Francke & Co., Bern 1896.
Gottlieb Studer: Topographische Mitthelungen aus dem Alpengebirge, Band 1: Die Eiswüsten und selten betretenen Hochalpen und Bergspitzen des Cantons Bern und angrenzender Gegenden. Huber und Comp., Bern und St. Gallen 1843, S. 99–144.
Heinrich Zschokke: Reise auf die Eisgebirge des Kantons Bern und die Ersteigung ihrer höchsten Gipfel. Sauerländer, Aarau 1913. Erstmals erschienen in den «Miszellen für die Neueste Weltkunde» von 1813, Nr. 52 ff. 1978 erschien im Huber Verlag, Bern, ein Reprint.

Kunst und Literatur
Christoph Aeby: Von der Jungfrau. Separatdruck aus der Sonntagspost, hrsg. von Abraham Roth, 1. Jg., Bern 1865, S. 3, 5, 13.
Jens Immanuel Baggesen: Parthenäis oder die Alpenreise. Ein idyllisches Epos in neun Gesängen. Vollmer, Hamburg und Mainz 1804, S. 259, 280 f.
Karl Blodig: Die Viertausender der Alpen. Rother, München 1923, S. 34.
George Gordon Lord Byron: Manfred. Ein dramatisches Gedicht. Hyperionverlag, München 1912, S. 15 (Original: Manfred, 1817; deutsch erstmals 1819).
Heinrich Clauren: Mimili. Eine Erzählung. Dritte Auflage, Paul Gottlob Hilscher, Dresden 1819; Neuauflage 1984 bei Reclam, Band 2055.
James Fenimore Cooper: Streifereien durch die Schweiz, Erster und Zweiter Teil. Alexander Dunker, Berlin 1836, S. 86 (Original: Sketches of Switzerland, Philadelphia 1836).
Alphonse Daudet: Tartarins Reise in die Schweizer Alpen. Züst, Bern-Bümpliz 1945, S. 127 f., 169, und 177 (Original: Tartarin sur les Alpes, 1885; deutsch erstmals 1886).
Walter Alex Diggelmann: Die Jungfrau, mein Berg. Text mit 22 Lithographien. Zürich 1958.
Edmund von Fellenberg: Silberhorn. Erste Besteigung 1863; in: 1. Jahrbuch des Schweizer Alpen-Clubs 1864, S. 313 f.

Konrad Falke, Im Banne der Jungfrau.
Rascher, Zürich 1909, S. 9, 140 f., 167, 169.
Andreas Fischer: Hochgebirgswanderungen in den Alpen und im Kaukasus.
Huber, Frauenfeld 1913, S. 89.
Albrecht von Haller: Die Alpen, 1732, Verse 353 und 354. Zitiert nach der Reclam-Ausgabe von 1984.
Max Huggler: Das Lauterbrunnental in der Malerei. K. J. Wyss, Bern 1978.
Johannes Jegerlehner: Bergführer Melchior: ein Jungfrauroman. Berlin 1935.
Käte Joël: Die Schildträger der Jungfrau. Märchenspiel in 1 Aufzug. Orell Füssli, Zürich 1909, S. 15.
Peter Killer: Zwei Expeditionen an den Rottalgletscher. Kunstmuseum, Olten 1985.
Christoph Meiners: Briefe über die Schweiz, 4 Teile. Berlin 1784–1790; Teil 2, S. 16 f. Zit. nach Richard Weiss: Die Entdeckung der Alpen. Huber, Frauenfeld 1934.
Eugène Rambert: Aus den Schweizer Bergen, Land und Leute. Kapitel «Interlaken». Basel und Genf 1874, S. 15 f., 21, 23 (Original: Les Alpes Suisses. Troisième série. Bâle et Genève 1869; «Interlaken» auch in der sechsten Folge von Les Alpes Suisses, Récits et Croquis, Lausanne 1887).
Daniel P. Rhodes: A Pleasure-Book of Grindelwald. The Macmillan Company, New York 1903, S. 109.
Leslie Stephen: Der Spielplatz Europas. a. a. O., S. 240 f.
Karl Spazier: Wanderungen durch die Schweiz. Ettingersche Buchhandlung, Gotha 1790, S. 298 f.
Iwan Turgenjew: Gedichte in Prosa. Rascher, Zürich 1946, S. 12 (Original 1882 veröffentlicht).
Mark Twain: Bummel durch Europa. Insel Verlag, Frankfurt/M 1985, S. 295 (Original: A Tramp Abroad, 1880; deutsch erstmals, allerdings gekürzt, 1922).
Karl Theodor von Uklanski: Einsame Wanderungen in der Schweiz im Jahr 1809. Berlin 1810. 1987 erschien im Huber Verlag, Bern, ein Auszug unter dem Titel «Kiltgang», worin vor allem Begegnungen mit Jungfrauen geschildert sind; Zitat von S. 34.
Theodor Wundt: Die Jungfrau und das Berner Oberland. Mitscher, Berlin um 1900, S. 2.
Johann Rudolf Wyss: Reise in das Berner Oberland, 2 Abtheilungen. J. J. Burgdorfer, Bern 1816/17, S. 550.

Jakob Samuel Wyttenbach:
Kurze Anleitung für diejenigen, welche eine Reise durch einen Theil der merkwürdigsten Alpgegenden des Lauterbrunnenthals, Grindelwald, und über Meyringen auf Bern zurück, machen wollen.
Wagner, Bern 1777, S. 8.
Heinrich Zschokke: Reise auf die Eisgebirge des Kantons Bern, a. a. O., S. 42

Jungfraubahn und -joch

Patrick Belloncle: Les chemins de fer de la Jungfrau – Die Jungfraubahnen. Les Editions du Cabri, Breil-sur-Roya (F) 1990.
Niklaus Bolt: Svizzero! Die Geschichte einer Jugend. B. F. Steinkopf, Stuttgart 1913.
Walter Günthardt, André Hug, Niklaus Gurtner, Ueli Flück: Jungfraubahn. Die ersten Jahrzehnte einer berühmten Bergbahn. Herausgegeben 1987 zum 75. Geburtstag der Jungfraubahn und zur Eröffnung des Berghauses Jungfraujoch – Top of Europe. Jungfraubahn, Interlaken 1987.
Othmar Gurtner: Das Haus über den Wolken. Verlagsgesellschaft, Zürich o. J.
Verena Gurtner: Jungfrau Express. Mit der Jungfraubahn ins Hochgebirge. Orell Füssli, Zürich 1971; 8. Auflage 1988.
Max Häni u. a.: 50 Jahre Bahnstation Jungfraujoch 1912–1962. Kantonalbank, Bern 1962.
Jungfraubahn Schweiz. Touristische Broschüre, o. O., o. J.
Annette und Arthur Philipp: Greenland dogs on the Eiger Glacier – Grönlandhunde auf dem Eigergletscher, Marion Hildebrand Verlag, Berlin 1984.
Hans Schweers: Jungfrauregion zu Fuss und mit der Bahn. Schweers + Wall, Aachen 1983.
Gottfried Strasser: Bergpredigt zur Eröffnung der Jungfraubahn am 19. September 1898. Zürcher & Furrer, Zürich 1898.

Bildnachweis

(o = oben, m = Mitte, u = unten, l = links, r = rechts)
Jost von Allmen, Bern und Wengen: 8, 9 lmu/lu/ro, 22–23, 50, 59 u, 65 (4x), 132–133.
Alpines Museum, Bern: 24, 62, 72, 76.
Walter Amstutz, in: Ski, Jahrbuch des Schweizerischen Ski-Verbandes 1924: 86.
Daniel Anker, Bern: 9 lo, 80 (2x), 116 u.
Walter Anker, Belp: 4.
Schweizerische Bankgesellschaft, Zürich: 60–61.
Marco Bomio, Grindelwald: 69, 75.
Clauren: Mimili, a. a. O.: 125.
Carl Egger: Pioniere der Alpen, Zürich 1946: 78 (2x).
ETH Zürich, Graphische Sammlung: 51.
Gos: Berge im Zorn, a. a. O.: 68.
Marcus Gyger, Bern: 9 rmu, 18–19, 21, 118, 123 u, 138 o/ul.
A. Gysi: 74 o.
Musée Jenisch, Vevey: Titelbild, 44–45.
Archiv Jungfraubahnen, Interlaken: 7, 34, 38–39, 41, 57, 63, 67, 74 u, 81, 84, 91, 92, 94, 95 u, 96, 97, 98 o, 100, 101 o, 102–103 (4x), 104, 105, 108, 109, 111 (4x), 112 (2x), 113, 114–115, 119 (2x), 120, 121 (6x).
Keystone, Zürich: 138 ur.
Kunstmuseum, Bern: 48–49; Eigentum der Gottfried-Keller-Stiftung: 43.
Kunstmuseum, Olten: 73.
Schweizerische Landesbibliothek, Bern: 28, 70, 71 (2x).
Fritz Lauener, Wengen: 66 u.
Res Leibundgut, Spiez: 83, 85.
Giovanni Müller, Titelbild von Niklaus Bolt: Svizzero! Basel 1958: 99.
Privatbesitz, Solothurn: 54.
Quirinus Reichen, Frutigen: 106 (2x).
Rubi: Im Tal von Grindelwald, Band 3, a. a. O.: 87.
Shimpei Satoh, Tokio: 116 o.
Max Senger: Wie die Schweizer Alpen erobert wurden, Zürich 1945: 29.
Privatsammlung Senti: 59 o.
Christof Sonderegger, Rheineck SG: 107 (2x), 117 (2x), 137 o, 139 (2x).
Hannes Stähli, Wilderswil BE: 77, 79, 82.
Walter Studer, Möschberg BE: 35.
Swissair Flugfoto, Zürich: 10–11, 14–15.
Schweiz Tourismus, Zürich: 122.
Touristikmuseum Interlaken: 6, 25, 27, 47, 52–53, 55, 88 o, 93, 95 o/m, 127, 129, 131, 135.
Twain: Bummel durch Europa, a. a. O.: 56.
Thomas Ulrich, Interlaken: Titel Rückseite, 9 ru, 12–13, 16–17, 33, 88–89, 123 o, 137 u.
Verkehrshaus, Luzern: 98 u, 101 u.
Marco Volken, Zürich: 9 lmo/rmo.
Uli Wiesmeier, Murnau: 36–37.
Zschokke: Reise auf die Eisgebirge, a. a. O.: 30–31.